CONSEILS DU PROPHÈTE

Ibn Rajab

ISBN : 978-1-952608-19-3
www.muslimlife.fr
contact@muslimlife.fr

Votre livre gratuit

Pour vous remercier de votre achat, nous souhaitons vous offrir une copie gratuite en version PDF de notre livre :

« La Guérison des Âmes »

Accédez à la page ci-dessous pour l'obtenir : https://www.muslimlife.fr/guerison-des-ames-offert/

Bonne lecture !

L'équipe de MuslimLife.

Table des matières

« Préserve Allah et Il te préservera. Préserve Allah et tu Le trouveras devant toi. Connais Allah dans la facilité et Il te connaîtra dans la difficulté. Lorsque tu demandes, demande à Allah. Lorsque tu sollicites de l'aide, sollicite celle d'Allah. La plume est levée et les pages ont séché. Si toutes les créatures se réunissaient pour essayer de t'apporter un bienfait à travers une chose qu'Allah n'a pas ordonnée, elles ne pourraient pas y parvenir. Et si elles se liguaient pour te nuire, à travers une chose qu'Allah n'a pas décrétée, elles ne pourraient pas y parvenir. Sache qu'une bien immense repose dans le fait de supporter patiemment ce que tu détestes, que la victoire vient avec la patience, que le soulagement vient après la détresse et que la facilité vient après la difficulté. »

Biographie de l'auteur

Il est l'Imam, le Hafidh, Zayn al-Din 'Abd Al-Rahman ibn Ahmad ibn 'Abd Al-Rahman ibn al-Hassan ibn Muhammad ibn Abu al-Barakat Mas'ud al-Sulami al-Hanbali al-Dimashqi.

Sa *kunya* fut Abu al-Faraj et son surnom était Ibn Rajab. C'était également le surnom de son grand-père qui naquit pendant ce mois[1].

Il est né à Bagdad, en l'an 736 de l'Hégire. Il grandit au sein d'une famille savante et pieuse. Il mourut la nuit du lundi 4 du mois de Ramadan, en l'an 795 de l'Hégire, à al-Humariyyah dans la ville de Damas.

Il a acquis le savoir auprès des plus grands savants de son époque.

À Damas :

- Ibn Qayyim al-Jawziyyah
- Zayn al-Din al 'Iraqi
- Ibn al-Naqib
- Muhammad ibn Isma'il al-Khabbaz
- Dawud ibn Ibrahim al-'Attar
- Ibn Qati al-Jabal
- Ahmad ibn 'Abd Al-Hadi al-Hanbali.

À La Mecque : Al-Fakhr 'Uthman ibn Yusuf al-Nuwayri.

1 Le mois de Rajab.

À Jérusalem : Al-Hafidh al-'Ala'i.

En Égypte :

- Sadr al-Din Abu al-Fath al-Maydumi
- Nassir al-Din ibn al-Muluk.

De nombreux étudiants en sciences religieuses ont appris auprès de lui.

Parmi les plus célèbres :

- Abu al 'Abbas Ahmad ibn Abu Bakr ibn 'Ali al-Hanbali
- Abu al-Fadl Ahmad ibn Nasr ibn Ahmad
- Dawud ibn Sulayman al-Mawsili
- 'Abd Al-Rahman ibn Ahmad ibn Muhammad al-Muqri
- Abu Dharr al-Zarkashi
- Ahmad ibn Sayf al-Din al-Hamawi.

Ibn Rajab s'est dévoué à l'acquisition du savoir et a passé la majorité de son temps à effectuer des recherches, à écrire, à enseigner et à émettre des avis religieux.

De nombreux savants ont fait son éloge en raison de ses vastes connaissances, de son ascétisme et de sa maîtrise de l'école Hanbalite.

Ibn Qadi Shuhbah a dit de lui : « Il a étudié et acquis des compétences dans des domaines variés du savoir. Il s'est impliqué dans les différentes questions de son école de jurisprudence jusqu'à la maîtriser. Il s'est dévoué à la connaissance des textes, des défauts et des sens du *hadith*. »[1].

Ibn Hajar a dit de lui : « Il fut très compétent dans les

1 Ibn Qadi al-Shuhbah, *Tarikh*.

sciences du *hadith*, notamment dans les connaissances des noms des rapporteurs, de leurs biographies, de leurs chaînes de transmission et de la compréhension des sens. »[1].

Ibn Muflih a dit de lui : « Il est le Shaykh, le grand savant, le Hafidh, l'ascète, le Shaykh de l'école Hanbalite et l'auteur de nombreux travaux bénéfiques. »[2].

Il est l'auteur de beaucoup d'ouvrages profitables. Certains sont exceptionnels à l'image de *Al-Qawa'id al-Kubra fi al-Furu'* au sujet duquel il a été dit : « Il s'agit de l'une des merveilles de cette époque. »[3].

---

1 Ibn Hajar, *Inba' al-Ghamr*.

2 *Al-Maqsad al-Arshad*.

3 Ibn 'Abd Al-Hadi, *Dhayl 'ala Tabaqat ibn Rajab*.

Introduction

Au Nom d'Allah, le Tout-Miséricordieux, le Très-Miséricordieux.

Toutes les louanges appartiennent à Allah, Seigneur des mondes. Une louange pure et bénie telle que notre Seigneur l'aime et l'agrée. Une louange qui incombe à la noblesse de Son Visage et s'accorde à Sa Magnificence. Que la paix et les bénédictions d'Allah soient sur Muhammad, le Prophète illettré, sa famille et ses Compagnons.

L'imam Ahmad rapporte le *hadith* de Hanash al-Sana'ani, d'après Ibn 'Abbas qui a dit :

« Un jour où je me trouvais derrière le Prophète (sur lui la paix et le salut), il me dit : « Ô jeune homme ! Vais-je t'enseigner quelques paroles par lesquelles Allah te permettra de tirer profit ? ».
Je répondis : « Bien sûr ! ».
Il dit : « Préserve Allah et Il te préservera. Préserve Allah et tu Le trouveras devant toi. Connais Allah dans la facilité et Il te connaîtra dans la difficulté. Lorsque tu demandes, demande à Allah. Lorsque tu sollicites de l'aide, sollicite celle d'Allah. La plume est levée et les pages ont séché. Si toutes les créatures se réunissaient pour essayer de t'apporter un bienfait à travers une chose qu'Allah n'a pas ordonnée, elles ne pourraient pas y parvenir. Et si elles se liguaient pour te nuire, à travers une chose qu'Allah n'a pas décrétée, elles ne pourraient pas y parvenir. Sache qu'une bien immense repose dans le fait de supporter patiemment ce que tu détestes, que la

victoire vient avec la patience, que le soulagement vient après la détresse et que la facilité vient après la difficulté. ».[1]

C'est ainsi qu'il l'a rapporté par voie de Hanash, en parallèle de deux autres chaînes de transmission qui sont *munqati'*[2]. Il a indiqué qu'il n'a pas différencié les formulations des différentes voies dans cet exemple en particulier.

Il l'a également rapporté via Hanash seul, résumé, avec la formulation :

« Ô jeune homme ! Je vais t'enseigner quelques paroles : préserve Allah et Il te préservera. Préserve Allah et tu Le trouveras devant toi. Lorsque tu demandes, demande à Allah. Lorsque tu sollicites de l'aide, sollicite celle d'Allah. La plume est levée et les pages ont séché. Si toute la communauté se réunissait pour t'apporter un bienfait à travers une chose qu'Allah n'a pas décrétée pour toi, elle ne pourrait pas y parvenir. Et si elle se liguait pour te nuire à travers une chose qu'Allah n'a pas décrétée pour toi, elle ne pourrait pas y parvenir. »[3]**.**

Une formulation similaire est rapportée par Al-Tirmidhi :

« Préserve Allah et Il te préservera. Préserve Allah et tu Le trouveras devant toi. Sache que si toute la communauté se réunissait pour t'apporter un bienfait, elle ne pourrait le faire que pour une chose qu'Allah a décrétée pour toi. Et si elle se liguait pour te nuire, elle ne pourrait y parvenir que pour une chose qu'Allah a dé-

---

1 Rapporté par Ahmad. Jugé authentique.

2 De manière générale, caractère du *hadith* dont la chaîne de rapporteurs est interrompue, de quelque manière que ce soit ; de manière plus spécifique, caractère du hadith dont il manque un seul rapporteur dans la chaîne – ni en son début, ni en fin.

3 Rapporté par Ahmad. Jugé authentique.

crétée en ta défaveur. La plume est levée et les pages ont séché. »[1].

Hafidh Abu 'Abdullah ibn Mandah a dit : « Ce *hadith* a plusieurs voies de transmission à partir d'Ibn 'Abbas et celle-ci est la plus authentique d'entre elles. La chaîne est bien connue et ses rapporteurs sont dignes de confiance et précis. ».

Je dis : ce *hadith* a été rapporté par un groupe de rapporteurs à partir d'Ibn 'Abbas. Parmi eux se trouvent son fils, 'Ali, 'Ata et 'Ikrimah. Il est également rapporté de lui par 'Umar, l'esclave affranchi de Ghufrah, 'Abd Al-Malik ibn 'Umayr et Ibn Abi Mulaykah, même s'il est dit qu'ils ne l'ont pas entendu de lui. Toutes ces chaînes sont problématiques et certaines contiennent des formulations additionnelles alors que d'autres en omettent.

Le fait que le Prophète (paix sur lui) donna ces conseils à Ibn 'Abbas a également été rapporté de 'Ali ibn Abu Talib, Abu Sa'id al-Khudri, Sahl ibn Sa'd, ainsi que d'autres Compagnons. Toutes ces chaînes sont également problématiques. 'Uqayli a indiqué que l'ensemble des chaînes de transmission de ce *hadith* sont faibles, certaines étant meilleures que d'autres.

Je dis : la meilleure de ces chaînes est celle du texte de Hanash d'après Ibn 'Abbas, que nous avons mentionnée précédemment. C'est une chaîne bonne qui ne comporte rien d'inconvenant. Nous avons discuté en détail des différentes voies de ce *hadith* dans *Sharh al-Tirmidhi*. Toutefois, notre objectif ici est d'expliquer ses sens et d'exposer ses propos.

Ce *hadith* contient des conseils de très grande importance

1 Rapporté par Al-Tirmidhi. Jugé *hasan sahih*.

et des principes universels qui traitent des plus grands et des plus nobles aspects de cette religion. À tel point que l'imam Abu al-Faraj[1] a dit dans son ouvrage *Sayd al-Khatir*[2] : « J'ai médité sur ce *hadith* et il m'a frappé d'émerveillement. Je fus tellement stupéfait que j'ai failli être pris de vertiges. ». Il a dit ensuite : « L'ignorance qui règne au sujet de ce *hadith* et le manque de compréhension qui en résulte sont vraiment désolants ! ».

---

1 Connu sous le nom d'Ibn al-Jawzi.

2 Publié sous le nom « Les Pensées Précieuses » aux Éditions Tawbah.

Chapitre 1 : Préserver Allah

La parole du Messager d'Allah (paix sur lui) : « « **Préserve Allah et Il te préservera.** » signifie : préserver les limites d'Allah, Ses droits, Ses ordres et Ses interdits.

Tous ces éléments sont préservés par le respect de Ses ordres avec conformité, de Ses interdits avec délaissement, de Ses limites en ne les franchissant pas et en ne les transgressant pas par l'abandon de ce qui a été prescrit et par l'empiètement sur ce qui a été proscrit.

Donc, cette phrase englobe l'accomplissement de toutes les obligations et l'abandon de tous les interdits. Ceci à l'image de ce qui est mentionné dans le *hadith* de Abu Tha'labah d'après lequel le Prophète (paix sur lui) a dit :

« Allah vous a prescrit des obligations, ne les négligez pas. Il vous a interdit certaines choses, n'enfreignez pas Ses interdits. Il vous a tracé des limites, ne les transgressez pas. »[1].

Tout ce qui précède est inclus dans le terme : « préserver les limites d'Allah ». Cela est repris tel quel dans la Parole d'Allah (traduction approchée des sens) :

« ...ceux qui préservent les limites d'Allah »[2]

«Voilà ce qui vous a été promis [ainsi qu›] à tout

1 Rapporté par Al-Tabarani. Jugé bon par Al-Albani.

2 Sourate 9 : Le Repentir, verset 112.

homme plein de repentir et respectueux [des prescriptions divines] qui redoute le Tout-Miséricordieux bien qu'il ne Le voit pas, et qui vient [vers Lui] avec un cœur porté à l'obéissance. »[1]

Le terme « respectueux » dans ce verset a été expliqué par la signification suivante : celui qui préserve les commandements d'Allah. Une autre signification a également été donnée : celui dont le souci de ses péchés le conduit à se repentir et y renoncer.

Le verset englobe ces deux sens. De plus, tous ceux qui préservent et suivent l'héritage d'Allah laissé à Ses serviteurs entrent la portée de ce verset. Toutes ces significations tournent autour d'un même sens fondamental.

L'une des formulations de ce *hadith* concernant le Jour de l'Augmentation au Paradis mentionne que :

« Lorsque Allah, le Très-Haut, appellera les habitants du Paradis à Le visiter et après qu'Il aura retiré leurs voiles, Il dira : « Bienvenue Ô Mes serviteurs, ceux qui ont préservé Mon héritage, ont respecté leur engagement envers Moi, M'ont craint en secret et en toute autre circonstance. » »[2].

Ainsi, le conseil qu'il (paix sur lui) donne à Ibn 'Abbas concernant le fait de préserver Allah englobe tout ce qui a été mentionné précédemment.

1- Préserver les prières

Parmi les choses les plus importantes à préserver se

---

1 Sourate 50 : Qaf, versets 32-33.

2 Rapporté par Ibn Abi al-Dunya. Ibn Qayyim affirme que ce texte n'est pas authentique en tant que hadith du Prophète (paix sur lui).

trouvent les cinq prières quotidiennes.

Allah, le Très-Haut, a dit :

« Préservez les prières, surtout la prière médiane »[1]

« ...ceux qui préservent leur prière »[2]

Le Prophète (paix sur lui) a dit :

« Celui qui les préserve, Allah lui promet l'entrée au Paradis. »[3]

Dans un autre hadith :

« Celui qui les préserve recevra une lumière, une preuve et une délivrance le Jour de la Résurrection. »[4]

2- Préserver la purification

La même chose s'applique à la purification, car elle est la clé de la prière.

Le Prophète (paix sur lui) a dit :

« Nul ne préserve les ablutions sauf un croyant. »[5]

En effet, le serviteur peut très bien annuler son état de purification sans même s'en rendre compte. Donc, préserver l'état d'ablution pour la prière est une preuve que la foi s'est fermement ancrée dans le cœur.

---

1 Sourate 2 : La Vache, verset 238.

2 Sourate 70 : Les Voies d'Ascension, verset 34.

3 Rapporté par Ibn Majah. Authentifié par Al-Albani.

4 Rapporté par Ahmad. Authentifié par Ibn Hibban.

5 Rapporté par Ahmad. Authentifié par Al-Suyuti.

3- Préserver les serments

Les serments font partie de ce qu'Allah a ordonné de préserver. En mentionnant l'expiation de la rupture des serments, il a dit :

« Voilà l'expiation pour vos serments, lorsque vous avez juré. Et tenez à vos serments. »[1]

Les gens font fréquemment des serments. Les conséquences du fait de ne pas les tenir varient. Parfois, c'est l'expiation de la rupture des serments qui est requise. D'autres fois, c'est une expiation plus sévère qui est due. D'autres fois encore, cela implique le divorce ou des choses similaires.

La foi est entrée dans le cœur de celui qui tient ses serments. Les Pieux Prédécesseurs préservaient leurs serments avec soin. Certains ne faisaient jamais de serments par Allah. D'autres étaient tellement prudents qu'ils offraient une expiation pour des serments qu'ils pensaient avoir peut-être rompus. L'imam Ahmad, sur son lit de mort, ordonna qu'une expiation pour avoir rompu soit donnée en disant : « Je pense que j'ai rompu un serment que j'avais fait. ».

Il est rapporté que lorsque [le Prophète] Job (paix sur lui) passa près de deux personnes jurant par Allah, il s'en alla et donna une expiation en leur nom de peur qu'ils ne commettent un péché sans qu'ils ne s'en rendent compte. C'est la raison pour laquelle, lorsqu'il fit le serment de fouetter sa femme cent fois, Allah lui offrit une facilité[2], car il préservait ses serments ainsi que ceux des autres. Les savants ont divergé quant au fait de savoir si cette facilité s'applique à d'autres en

---

1 Sourate 5 : La Table Servie, verset 85.

2 Souraet 38 : Sad, verset 44 : **« Et prends dans ta main un faisceau de brindilles, puis frappe avec cela. Et ne viole pas ton serment ».**

dehors de Job (paix sur lui).

Yazid ibn Abi Habib a dit : « Il m'est parvenu que, parmi les Porteurs du Trône, il y en a un dont les yeux pleurent des larmes qui coulent à l'image des rivières. Lorsqu'il lève sa tête, il dit : « Gloire à Toi, Tu n'es pas craint comme Tu le mérites. ».

Allah dit alors : « Pourtant, ceux qui font de faux serments en Mon Nom ne savent pas cela ! » ».

Une menace sévère a été rapportée au sujet des faux serments. Les serments fréquents au Nom d'Allah ou les faux serments en Son Nom proviennent de l'ignorance d'Allah et du manque de révérence dans le cœur.

4- Préserver la tête et le ventre

Le croyant se doit de préserver sa tête et son ventre. Ibn Mas'ud rapporte que le Messager d'Allah (paix sur lui) a dit :

« La vraie pudeur devant Allah consiste à préserver la tête et ce qu'elle contient et le ventre et ce qu'il renferme. »[1].

Préserver la tête et ce qu'elle contient inclut la préservation des oreilles, des yeux et de la langue contre le fait de tomber dans l'illicite. Protéger le ventre et ce qu'il contient inclut la préservation du cœur contre le fait de persister dans l'interdit. Allah a mentionné tout cela dans Sa Parole :

« L'ouïe, la vue et le cœur : sur tout cela, en vérité, on sera interrogé. »[2]

1 Rapporté par Al-Tirmidhi. Authentifié par Al-Albani.

2 Sourate 17 : Le Voyage Nocturne.

Préserver le ventre et tout ce qu'il renferme inclut le fait de le préserver de la nourriture et de la boisson illicites.

5- Préserver la langue et les parties intimes

Il est également obligatoire de préserver la langue et les parties intimes de la transgression des interdits. Abu Hurayrah (qu'Allah l'agrée) rapporte que le Prophète (paix sur lui) a dit :

« Celui qui préserve ce qui se trouve entre ses mâchoires et ce qui se trouve entre ses jambes entrera au Paradis. »[1].

Ahmad rapporte le hadith d'Abu Moussa selon lequel le Prophète (paix sur lui) a dit :

« Celui qui préserve ce qui se trouve entre ses mâchoires et ses parties intimes entrera au Paradis. »[2].

Allah, le Très-Haut, a spécifiquement ordonné de préserver les parties intimes et a fait l'éloge de ceux qui le font :

« Dis aux croyants de baisser leurs regards et de préserver leurs parties intimes. »[3]

« Gardiens de leurs parties intimes et gardiennes »[4]

« Et qui préservent leurs parties intimes si ce n'est qu'avec leurs épouses ou les esclaves qu'ils possèdent, car là vraiment, on ne peut les blâmer »[5]

---

1 Rapporté par Al-Hakim. Authentifié par Al-Dhahabi.

2 Rapporté par Ahmad. Authentifié par Al-Arna'ut.

3 Sourate 24 : La Lumière, verset 30.

4 Sourate 33 : Les Coalisés, verset 35.

5 Sourate 23 : Les Croyants, versets 5-6.

On rapporte que Abu Idris al-Khawlani a dit : « Lorsqu'Adam descendit sur terre, la première chose qu'Allah lui enjoignit fut de préserver ses parties intimes et de ne les utiliser que dans le licite. ».

Chapitre 2 : Il Te Préservera

Sa parole (paix sur lui) « **Il te préservera** » signifie que quiconque préserve les limites d'Allah et respecte Ses droits, Allah le préservera. Cela, car la rétribution est de même nature que l'acte. Allah, le Très-Haut, a dit :

« Si vous tenez vos engagements vis-à-vis de Moi, Je tiendrai les miens. »[1]

« Souvenez-vous de Moi, Je me souviendrai de vous. »[2]

« Si vous faites triompher (la cause d') Allah, Il vous fera triompher »[3]

La préservation du serviteur par Allah est de deux catégories.

La première est la préservation de ce qui peut profiter au serviteur dans sa vie d'ici-bas à l'exemple de son corps, ses enfants, sa famille et ses biens.

Ibn 'Umar rapporte que le Messager d'Allah (paix sur lui) n'a jamais délaissé l'invocation suivante lorsqu'il se réveillait et lorsqu'il allait se coucher :

« Ô Allah ! Je te demande le salut dans cette vie et dans l'au-delà. Ô Allah ! Je Te demande le pardon et le salut dans ma religion, ma vie, ma famille et mes biens. Ô

---

1 Sourate 2 : La Vache, verset 40.

2 Sourate 2 : La Vache, verset 152.

3 Sourate 47 : Muhammad, verset 7.

Allah ! Cache mes défauts et mets-moi à l'abri de toutes mes craintes. Ô Allah ! Protège-moi par devant, par derrière, sur ma droite, sur ma gauche et au-dessus de moi. Je me mets sous la protection de Ta grandeur pour ne pas être enseveli. »[1].

Cette invocation est dérivée de Sa Parole :

« Il [l'homme] a par devant lui et derrière lui des Anges qui se relaient et qui veillent sur lui par ordre d'Allah. »[2]

Ibn 'Abbas (qu'Allah l'agrée) a dit : « Ce sont les anges qui le protègent sur ordre d'Allah. Puis, lorsque le décret survient, ils se retirent. ».

'Ali (qu'Allah l'agrée) a dit : « Les deux anges accompagnent chaque personne, la protégeant contre tout ce qui n'a pas été décrété. Puis, lorsque le décret survient, ils se retirent, la laissant face à lui. Voyez donc comme l'heure fixée est un bouclier fortifié. ».

Mujahid a dit : « Tout serviteur dispose d'un ange qui le protège contre les Djinns, les Hommes et les animaux dangereux pendant ses moments d'éveil et de sommeil. Rien ne se présente au serviteur sans que l'ange ne dise : « Va-t'en ! », à l'exception d'une chose à laquelle Allah a donné la permission et qui donc l'affectera. ».

1- La préservation de la santé et des biens par Allah

Un autre exemple de la préservation du serviteur par Allah réside dans la préservation de sa santé, sa force, sa raison et ses biens. L'un des Pieux Prédécesseurs a dit : « Le savant

1 Rapporté par Abu Dawud. Authentifié par Al-Albani.

2 Sourate 13 : Le Tonnerre, verset 11.

ne devient pas sénile. ». Un autre a dit : « Celui qui mémorise le Coran trouvera une bénédiction dans sa raison. ».

Certains ont expliqué Sa Parole :

« Ensuite, Nous l'avons ramené au niveau le plus bas, sauf ceux qui croient et accomplissent les bonnes œuvres : ceux-là auront une récompense jamais interrompue. »[1]

En disant que « le niveau le plus bas » faisait référence à la décrépitude de la vieillesse.

Abu al-Tayyib al-Tabari a dépassé l'âge de cent ans, pourtant sa raison est restée intacte tout comme sa force. Un jour, il sauta d'un grand bateau sur lequel il se trouvait, atterrissant directement sur le sol. Lorsqu'on le blâma pour cela, il dit : « Nous avons préservé ces membres du péché dans notre jeunesse, alors Allah les a préservés pour nous dans notre vieillesse. ».

En revanche, Junayd vit un vieil homme mendier et fit cette remarque : « Il négligea Allah dans sa jeunesse, alors Allah l'a négligé dans sa vieillesse. ».

Allah préserve également le serviteur, en raison de sa piété, à travers ses enfants et ses petits-enfants. Il est dit, en explication de Sa Parole :

« Et quant au mur, il appartenait à deux garçons orphelins de la ville, et il y avait dessous un trésor à eux ; et leur père était un homme vertueux. Ton Seigneur a donc voulu que tous deux atteignent leur maturité et qu'ils extraient [eux-mêmes] leur trésor, par une miséricorde de

1 Sourate 95 : Le Figuier, versets 5-6.

ton Seigneur. »[1]

Qu'ils[2] ont été préservés en raison de la vertu de leur père.

Muhammad ibn al-Munkadir a dit : « Allah préservera les enfants et les petits-enfants d'un individu en raison de sa vertu. Il préservera la ville dans laquelle il se trouve, ainsi que les villages alentour. Ils seront constamment sous la protection d'Allah. ».

Ibn al-Musayyib a dit à son fils : «Mon fils, j'augmente mes prières grâce à toi dans l'espoir que je sois préservé à travers toi. ». Puis il récita :

« Leur père était un homme vertueux. »[3]

'Umar ibn 'Abd Al-'Aziz a dit : « Aucun croyant ne meurt sans qu'Allah le préserve à travers ses enfants et ses petits-enfants. ».

Yahya ibn Isma'il ibn Salamah ibn Kuhayl a dit : « J'avais une grande sœur qui tomba dans la folie et devint incontrôlable. Elle demeura dans une chambre située dans le grenier, la partie la plus éloignée de notre logement. Elle y resta une dizaine d'années. Un jour, quelqu'un frappa à la porte au milieu de la nuit, alors que nous dormions.

Je dis : « Qui est-ce ? ».
Elle me répondit : « Kajjah. ».
Je dis : « Ma sœur ? ».
Elle répondit : « Oui, ta sœur. ».
J'ouvris la porte et elle entra dans la maison pour la pre-

1 Sourate 18 : La Caverne, verset 82.
2 N.D.T : les orphelins.
3 Sourate 18 : La Caverne, verset 82.

mière fois depuis dix ans.

Elle dit : « Quelqu'un m'est apparu en rêve et a dit :

« Allah a préservé ton père, Isma'il, en vertu de ton grand-père, Salamah. Il t'a également préservée en raison de ton père, donc si tu le souhaites, invoque Allah et ce qui t'a affligée te quittera ou alors montre-toi patiente et le Paradis sera tien. Abu Bakr et 'Umar ont intercédé en ta faveur auprès d'Allah, le Puissant, le Majestueux, à travers l'amour que ton père et ton grand-père avaient pour eux. ».

J'ai alors dit : « Si je dois choisir seulement l'une de ces deux issues, alors je choisis la patience afin que le Paradis puisse être mien. En revanche, Allah est Généreux avec Ses créatures, rien n'est trop grand pour Lui. S'il veut m'octroyer les deux issues, Il le peut. ».

On me dit alors : « Allah t'a accordé les deux et est satisfait de ton père et de ton grand-père en raison de leur amour envers Abu Bakr et 'Umar. Lève-toi et descends. » ».

C'est ainsi qu'Allah la soulagea de son épreuve. »

Lorsque le serviteur se dévoue à l'obéissance à Allah, Le Puissant, Le Majestueux, Allah le préserve dans cet état, comme cela est rapporté dans le *Musnad* de l'Imam Ahmad, d'après Humayd ibn Hilal d'après quelqu'un qui a dit :

« Je me rendis auprès du Prophète (paix sur lui) et il me montra une maison. Il dit :

« Une femme habitait ici. Elle sortit prendre part à une bataille en intégrant les rangs des Musulmans. Elle laissa derrière elle douze chèvres ainsi que le crochet avec lequel elle tissait. Elle perdit une chèvre et son crochet

de tissage. Elle invoqua alors : « Mon Seigneur ! Tu as garanti la préservation de celui qui sort sur Ton sentier. J'ai perdu une de mes chèvres et mon crochet de tissage. Je t'implore de me les retourner ! ».

Le Messager d'Allah (paix sur lui) nous décrivit l'intensité de l'imploration de son Seigneur, Exalté. Il dit ensuite :

« Elle se réveilla alors au matin et trouva sa chèvre, son crochet et ce qui leur est similaire en plus. Si vous le souhaitez, allez la visiter et interrogez-la. ».

Je dis : « Je te crois. ». ».[1]

Shayban al-Ra'i s'occupait de son troupeau en terrain ouvert. Le jour du vendredi, il traçait une ligne autour de ses bêtes, puis s'en allait prier. Lorsqu'il revenait, il les trouvait à l'endroit même où il les avait laissées.

L'un des Pieux Prédécesseurs avait une balance avec laquelle il pesait des dirhams. Il entendit l'appel à la prière. Il les laissa donc dispersés sur le sol et s'en alla prier. Lorsqu'il revint, il recompta l'argent et rien ne manquait.

2- La préservation d'Allah contre les nuisances

Allah préserve également Ses serviteurs ici-bas contre tout djinn et humain qui voudrait lui nuire. Il, le Très-Haut, a dit :

« Et quiconque craint Allah, Il Lui donnera une issue favorable, et lui accordera Ses dons par [des moyens] sur lesquels il ne comptait pas. »[2]

---

1 Rapporté par Ahmad. Al-Haythami a dit que les transmetteurs sont ceux du *Sahih*.

2 Sourate 65 : Le Divorce, versets 2-3.

‘Aishah a dit : « Il lui suffira contre les angoisses et les inquiétudes de ce monde. ».

Rabi’ ibn Khutaym a dit : « Il lui donnera des issues face à tout ce qui accable un homme. ».

‘Aishah écrivit à Mu’awiyah : « Si tu crains Allah, Il te suffira en lieu et place des gens. Si tu crains les gens, ils ne te seront d’aucune utilité dans quoique ce soit face à Allah. ».

L’un des Califes écrivit une lettre à Hakam ibn ‘Amr al-Ghifari dans laquelle il lui ordonnait de faire une chose contraire au Livre d’Allah. Hakam lui écrivit en réponse : « J’ai regardé dans le Livre d’Allah et j’ai vu qu’il passait avant la lettre du Commandeur des Croyants. Si les cieux et la terre se réunissaient en une seule entité alors qu’un individu craint Allah, le Puissant, le Majestueux, Allah lui donnerait une issue. Paix. »

L’un d’eux composa les vers suivants :

Par la crainte d’Allah, l’Homme est secouru
Les victoires sont atteintes et les espoirs obtenus
Celui doté de piété, Il lui attribuera une issue
C’est ainsi qu’Il l’a voulu.

L’un des Pieux Prédécesseurs écrivit à son frère : « Celui qui craint Allah s’est préservé. Celui qui néglige la piété s’est lui-même négligé et Allah n’a absolument aucun besoin de lui. ».

3- La préservation d’Allah contre les animaux

L’une des plus façons les plus étonnantes par lesquelles Allah préserve ceux qui Le préservent réside dans le fait qu’Il pousse des animaux habituellement dangereux à les protéger et les aider.

C'est ce qui est arrivé à Safinah, l'esclave affranchi du Prophète (paix sur lui), lorsque son bateau a coulé et qu'il s'est établi sur une île. Il y rencontra un lion et dit : « Ô Abu al-Harith, je suis Safinah, l'esclave affranchi du Messager d'Allah. ». C'est alors que le lion s'est mis à marcher avec lui et à le guider le long du chemin. Il ronronna ensuite comme pour faire ses adieux, puis s'en alla.

Abu Ibrahim al-Sa'ih tomba malade alors qu'il se trouvait dans un endroit proche d'un monastère. Il dit : « Si seulement j'étais devant la porte du monastère, les moines m'auraient trouvé et m'auraient soigné. ». Soudain, un lion approcha. Il le porta sur son dos et le déposa devant la porte du monastère. Quatre-cents moines le virent et embrassèrent l'Islam.

Ibrahim ibn Adham dormit un jour dans un jardin. Un serpent dont la bouche formait un cercle de fleurs se trouvait près de lui et monta la garde jusqu'à ce qu'il se réveille.

Ainsi, celui qui préserve Allah, Allah le préservera des animaux dangereux. Mieux encore, ces animaux le protègeront.

Celui qui néglige Allah, Allah le négligera au point qu'il subira des torts à travers des choses dont il s'attendait à tirer profit. Il se peut même qu'il voie les membres les plus proches et les plus aimés de sa famille lui porter préjudice !

[Al-Fudayl ibn 'Iyyad] a dit : « Quand je désobéis à Allah, j'en vois les effets dans le comportement de mon servant et de mon âne. ». Cela signifie que son servant devient irrespectueux et désobéissant et que son âne refuse de le porter.

Le bien tout entier se trouve dans l'obéissance à Allah et le fait de se tourner vers Lui.

Le mal tout entier se trouve dans la désobéissance à Allah et le fait de se détourner de Lui.

Un dévot a dit : « Celui qui délaisse la porte de son maître ne sera jamais capable de planter ses pieds fermement dans le sol. ».

L'un d'entre eux a composé les vers suivants :

Par Allah, je ne suis jamais venu te visiter
Sans que devant moi la terre se soit compactée
Je n'ai jamais pris la résolution de quitter ta porte
Sans trébucher sur les vêtements que je porte
Pardonne, néglige et amende mes fautes au Nom d'Allah !
Car ma condition auprès de toi est telle que tu le vois.

4- La préservation d'Allah contre les doutes et les désirs

La seconde catégorie de préservation est la plus noble, la meilleure. Il s'agit de la protection de la religion du serviteur par Allah.

Pendant sa vie, Allah préserve la religion du serviteur, ainsi que sa foi, en le préservant des doutes vils, des innovations égarantes et des désirs illicites. Allah préserve également sa religion au moment de la mort, de telle façon qu'il meurt sur l'Islam.

Hakam ibn Aban a rapporté qu'Abu Makki a dit : « Lorsque la mort se présente à un individu, il est dit à l'ange : « Sens sa tête ! ».
L'ange répondra : « Je sens le parfum du Coran. ».
Il lui sera dit ensuite : « Sens son cœur ! ».
Il répondra : « Je sens le parfum du jeûne. ».

Il lui sera dit encore : « Sens ses pieds ! ».

L'ange dira : « Je sens le parfum de la prière nocturne. ».

Il aura préservé sa personne alors Allah, le Puissant, le Majestueux, l'aura préservé. ».

Ce récit fut rapporté par Ibn Abi al-Dunya.

Les deux *Sahihs* rapportent, d'après al-Bara'a ibn 'Azib, que le Prophète (paix sur lui) lui a enseigné de dire, au moment de se coucher :

« Ô Allah, si Tu prends mon âme, fais-lui miséricorde. Et si tu lui accordes un sursis, préserve-la par ce avec quoi Tu as préservé Tes serviteurs vertueux. »[1].

Le hadith de 'Umar mentionne que le Prophète (paix sur lui) lui a enseigné de dire :

« Ô Allah, préserve-moi avec l'Islam lorsque je suis debout, préserve-moi avec l'Islam lorsque je suis assis et préserve-moi avec l'Islam lorsque je suis couché. Ne réponds pas à un ennemi caché et envieux à mon sujet. »[2].

Rapporté par Ibn Hibban dans son *Sahih*.

Lorsque le Prophète (paix sur lui) faisait ses adieux à un voyageur, il disait :

« Je confie ta religion, ta charge et tes dernières œuvres aux soins d'Allah. »[3].

Un autre hadith stipule qu'il (paix sur lui) disait :

« Lorsqu'Allah confie une chose à Son soin, Il la

---

1 Rapporté par Al-Boukhari & Muslim, mais d'après Abu Hurayrah (qu'Allah l'agrée).

2 Rapporté par Ibn Hibban. Jugé bon par Al-Albani.

3 Rapporté par Al-Tirmidhi. Authentifié par Al-Albani.

préserve. »[1].

Al-Tabarani rapporte un hadith selon lequel le Prophète (paix sur lui) a dit :

« Lorsque le serviteur prie comme il se doit, sa prière s'élève vers Allah munie de rayons à l'image des rayons du soleil. Elle dit à celui qui l'a accompli : « Qu'Allah te préserve comme tu m'as préservé. ».
S'il l'accomplit avec laxisme et paresse, elle sera enroulée comme un vieux vêtement et utilisée pour frapper le visage du prieur en disant : « Qu'Allah te néglige comme tu m'as négligée ! ». »[2].

'Umar ibn al-Khattab (qu'Allah l'agrée) disait dans ses sermons : « Ô Allah, protège-nous par Ta préservation et maintiens-nous fermement sur Ton ordre. ».

Un homme dit à l'un des Pieux Prédécesseurs : « Qu'Allah te préserve. ».
Il répondit : « Mon frère, ne demande pas à ce qu'il soit préservé, demande plutôt que sa foi soit préservée ! ».

Par cette réponse il a voulu souligner l'importance d'invoquer pour la préservation de la religion chez les autres. En effet, la préservation mondaine peut être octroyée à la fois au vertueux et au pécheur. En revanche, Allah préserve seulement la religion du croyant. Il se met entre elle et tout ce qui pourrait la corrompre par différents moyens, certains dont le serviteur n'a pas conscience et d'autres qu'ils pourraient détester.

C'est ainsi qu'Il a préservé Joseph (paix sur lui) comme Il

1 Rapporté par Ibn Hibban avec une chaîne de transmission bonne.
2 Rapporté par Al-Tabarani. Jugé très faible par Al-Albani.

a dit :

« Ainsi [Nous avons agi] pour écarter de lui le mal et la turpitude. Il était certes un de Nos serviteurs élus. »[1]

5- La préservation d'Allah par Son interposition

Celui qui est sincère envers Allah, Il le préservera contre le mal et l'indécence. Il le protègera contre eux par des voies dont il n'est même pas conscient. Il s'interposera entre lui et les chemins menant aux péchés destructeurs.

Ma'ruf al-Karkhi aperçut des jeunes se préparer à charger dans une bataille, à une époque de troubles.
Il dit : « Ô Allah, préserve-les ! ».
On lui demanda : « Pourquoi invoques-tu en leur faveur ? ».
Il répondit : « S'Il venait à les préserver, ils ne s'en iraient pas accomplir ce qu'ils ont l'intention de faire. ».

'Umar entendit quelqu'un dire : « Ô Allah, Tu t'interposes entre une personne et son cœur, alors interpose-Toi entre moi et ma désobéissance envers Toi. ». Cela plut à 'Umar qui invoqua en faveur de cette personne.

Dans l'exégèse de la Parole d'Allah, le Très-Haut :

« Sachez qu'Allah s'interpose entre l'homme et son cœur »[2]

Ibn 'Abbas a dit : « Il s'interpose entre le croyant et les péchés qui le traîneraient en Enfer. ».

1 Sourate 12 : Joseph, verset 14.
2 Sourate 8 : Le Butin, verset 24.

Un homme des générations précédentes accomplit le *Hajj*. Alors qu'il était endormi avec un groupe de gens à la Mecque, il ressentit une envie soudaine de commettre un péché. Il entendit une voix crier : « Malheur à toi ! N'es-tu pas en train d'accomplir le *Hajj* ? ». Ainsi, Allah le préserva de commettre ce péché.

Un homme sortit avec un groupe de gens, désirant par cela commettre un péché bien précis. Lorsqu'il fut sur le point de l'accomplir, une voix cria :

« Toute âme est l'otage de ce qu'elle a acquis. »[1]

Il abandonna alors l'idée de le commettre.

Un homme entra dans un bosquet dense, rempli d'arbres. Il dit : « Je peux commettre mon péché ici sans que personne ne me voie. ». Il entendit alors une voix résonner à travers le bosquet :

« Ne connaît-Il pas ce qu'Il a créé alors que c'est Lui le Compatissant, le Parfaitement Connaisseur ? »[2]

Un autre fut désireux de commettre un péché et sortit pour l'accomplir. En chemin, il rencontra un conteur en train d'exercer son métier au milieu des gens. Il s'arrêta pour l'écouter et l'entendit dire : « Ô toi qui désires commettre un péché ! Ne sais-tu pas que le Créateur des désirs connaît parfaitement ton intention ? ». À l'écoute de ces mots, il s'évanouit. Lorsqu'il reprit connaissance, il se repentit immédiatement.

Un roi vertueux tomba un jour amoureux de l'un de ses

---

1 Sourate 74 : Le Revêtu d'un Manteau, verset 24.

2 Sourate 67 : La Royauté, verset 14.

sujets dotés d'une grande beauté. Il craignit pour sa personne. Il demeura donc en prière pendant la nuit, recherchant le secours d'Allah. Durant cette même nuit, le sujet tomba malade et mourut trois jours plus tard.

6- La préservation d'Allah par l'exhortation

Certains furent préservés à travers l'exhortation donnée par une personne dont ils voulaient qu'elle soit leur complice dans le péché. Un exemple de cela réside dans l'histoire de l'un des trois qui entrèrent dans la caverne et furent bloqués par un rocher. [Le *hadith*] mentionne que **l'un d'entre eux était allongé avec une femme, prêt à commettre l'adultère, lorsque celle-ci lui dit : « Crains Allah et ne romps pas le sceau sauf par le droit qui est dû. ». C'est alors qu'il la délaissa.**[1]

Un autre exemple se trouve dans l'histoire de Kifl, un homme des Enfants d'Israël qui commettait fréquemment des péchés. Il fut attiré par une femme et lui donna soixante dinars. Il s'allongea ensuite avec elle, prêt à avoir une relation sexuelle. Elle commença à trembler de peur.

Il lui demanda alors : « Est-ce que tu te sens forcée ? ».

Elle répondit : « Non, mais je n'ai jamais accompli une telle chose auparavant et seul le besoin m'y force. ».

Il dit : « Tu crains Allah, ne dois-je donc pas Le craindre également ? ».

Il se leva et la laissa, lui offrant l'argent en cadeau. Il dit ensuite : « Par Allah, Kifl ne désobéira plus jamais à Allah. ». Il décéda la nuit même. Le matin suivant, ces mots étaient inscrits sur sa porte : « Allah a pardonné à Kifl. ».

Ceci a été rapporté par l'imam Ahmad et Tirmidhi d'après Ibn 'Umar (qu'Allah l'agrée), d'après le Messager

1 Rapporté par Al-Boukhari & Muslim.

(paix sur lui).[1]

Un homme tenta de séduire une femme et lui ordonna de fermer la porte à clé, ce qu'elle fit.

Elle dit ensuite : « Une porte est encore ouverte. ».

Il demanda : « De quelle porte s'agit-il ? ».

Elle répondit : « Celle entre Allah, le Tout-Puissant, le Très-Haut, et nous. ».

Il se détourna alors d'elle.

Un autre homme chercha à séduire une Bédouine.

Il dit : « Qui peut nous voir en dehors des étoiles ? ».

Elle répondit : « Qu'en est-il de Celui qui les a mises ici ? ».

Tous ces récits illustrent la providence d'Allah et Son interposition entre le serviteur et l'accomplissement de son péché.

Lorsqu'il parlait des pécheurs, al-Hasan disait : « Leur valeur a diminué auprès de Lui, alors ils Lui ont désobéi. S'ils avaient gardé une position valeureuse et honorable auprès de Lui, Il les aurait préservés. ».

Bishr a dit : « Le noble et honorable ne persiste jamais à désobéir à Allah. Le sage ne donne jamais de préférence à ce bas monde vis-à-vis de l'Au-delà. ».

7- Allah assure le meilleur à son serviteur

Voici un autre exemple de la préservation de la religion du serviteur par Allah. Le serviteur peut poursuivre un but mondain comme le pouvoir ou entreprendre une activité mondaine comme le commerce et Allah, connaissant ce qui

1 Rapporté par Ahmad & Tirmidhi. Jugé faible par Al-Albani.

est bon pour lui, s'interpose entre lui et son objectif. Le serviteur, inattentif à cela, déteste alors ce qui se produit.

Ibn Mas'ud a dit : « Le serviteur vise à entreprendre un commerce ou à acquérir du pouvoir avec l'espoir que cela lui sera facilité. Allah le regarde et dit aux Anges : « Détournez-le de cela, car si Je rendais cette affaire facile pour lui, Je causerais son entrée en Enfer ! ». Ainsi, Allah l'empêche d'atteindre ce qu'il vise. Le serviteur, tout agité, se plaint : « Untel m'a battu ! Untel m'a bien eu ! ». En réalité, tout cela n'aura été que l'expression de la grâce d'Allah, le Tout-Puissant, le Très-Haut ! ».

Plus étonnant encore est le fait que le serviteur fasse l'effort d'accomplir un acte d'adoration, alors que cette œuvre spécifique n'est pas ce qui est le mieux pour lui. C'est alors qu'Allah s'interpose entre lui et cet acte dans le but de le préserver. Pendant tout ce temps, le serviteur demeure inattentif à cela.

Al-Tabarani et d'autres ont rapporté le hadith de Anas, selon lequel le Messager d'Allah (paix sur lui) a dit :

« Allah, le Tout-Puissant a dit :

« Parmi Mes serviteurs se trouve celui dont la foi n'est correcte que par la pauvreté et si Je l'enrichis il apostasiera. Parmi mes serviteurs se trouve celui dont la foi n'est correcte que par la richesse et si Je l'appauvris, il apostasiera. Parmi mes serviteurs se trouve celui dont la foi n'est correcte que par la bonne santé et si Je le rends malade il apostasiera. Parmi mes serviteurs se trouve celui dont la foi n'est correcte que par la maladie et si Je lui donne une bonne santé il apostasiera. Parmi mes serviteurs se trouve celui qui cherche à accomplir un acte d'adoration, mais Je l'en empêche pour éviter qu'il ne soit en proie à la vanité. Je gère les affaires de Mes serviteurs selon Ma

connaissance de ce qui se trouve dans leurs cœurs. Je suis l'Omniscient, conscient de toute chose. ». »[1].

Parmi les gens des premières générations se trouvait un homme qui demandait fréquemment le martyr. Une voix l'appela alors : « Si tu étais embarqué dans une expédition militaire, tu serais capturé et tu te convertirais au christianisme, alors cesse de demander cela. ».

Donc, en résumé, celui qui préserve les limites d'Allah et respecte soigneusement Ses droits, Allah s'occupera de le préserver dans sa vie mondaine et religieuse, ici-bas et dans l'au-delà.

8- Allah est le Protecteur des Croyants

Dans Son Livre, Allah, le Très-Haut, nous a informés qu'Il est le Protecteur des Croyants et qu'Il protège les vertueux. Cela englobe le fait qu'Il préserve ce qui est bon pour eux dans cette vie et dans l'au-delà et qu'Il ne les abandonne pas à un autre. Allah, le Très-Haut, a dit :

« Allah est le défenseur de ceux qui ont la foi : Il les fait sortir des ténèbres à la lumière. »[2]

« C'est qu'Allah est vraiment le Protecteur de ceux qui ont cru ; tandis que les mécréants n'ont pas de protecteur. »[3]

« Et quiconque place sa confiance en Allah, Il [Allah] lui suffit. »[4]

---

1 Rapporté par Al-Bayhaqi. Jugé très faible par Al-Albani.

2 Sourate 2 : La Vache, verset 257.

3 Sourate 47 : Muhammad, verset 11.

4 Sourate 65 : Le Divorce, verset 3.

« Allah ne suffit-Il pas à Son esclave [comme soutien] ? »[1]

Celui qui établit les droits d'Allah, Allah s'engagera à entretenir tout ce qui lui est bénéfique dans cette vie et dans celle d'après. Celui qui souhaite qu'Allah le préserve et s'occupe de toutes ses affaires, qu'il respecte d'abord les droits qu'Allah a sur lui. Celui qui ne souhaite pas être affligé par ce qu'il déteste qu'il ne s'engage pas dans ce qu'Allah déteste.

Un parmi les Pieux Prédécesseurs se rendait d'assemblée en assemblée en disant : « Celui qui souhaite qu'Allah préserve son bien-être, qu'il craigne Allah. ».

Al-'Umari, l'ascète, disait à quiconque lui demandait conseil : « Comporte-toi avec Allah, le Tout-Puissant, de la façon exacte dont tu voudrais qu'Il se comporte avec toi. ».

Salih ibn 'Abd Al-Karim a dit : « Allah, le Tout-Puissant dit :

« Par Ma Puissance et Ma Majesté, Je ne regarde pas un cœur dont Je sais qu'il est rempli d'amour envers le respect de Mon obéissance sans que Je prenne en charge sa protection et que Je l'affermisse. » ».

L'une des anciennes écritures mentionne :

« Allah, le Tout-Puissant, dit :

« Fils d'Adam, ne vas-tu pas me dire ce qui te pousse à rire ? Fils d'Adam, crains-Moi et dors où tu le souhaites ! » ».

Cela signifie que lorsque tu t'habilles de la crainte qui est due à Allah, alors tu n'as plus à t'inquiéter de ce qui sera bon pour toi, car Allah en a meilleure connaissance que toi et Le conduira vers toi de la meilleure des manières.

---

1 Sourate 39 : Les Groupes, verset 36.

D'après Jabir, le Prophète (paix sur lui) a dit :

« Celui qui souhaite connaître sa position auprès d'Allah, qu'il s'examine et regarde la position qu'Allah a auprès de lui. Allah octroie à l'individu la même position qu'Il a auprès de lui. ».[1]

Cela prouve que l'attention que porte Allah à Son serviteur et à sa préservation est proportionnelle à l'attention que le serviteur porte aux droits d'Allah, à leur instauration, au respect de Ses limites et à leur préservation. Celui qui a pour objectif de satisfaire Allah, de se rapprocher de Lui, de Le connaître, de L'aimer et de Le servir, constatera qu'Allah le traitera d'une manière similaire.

Allah, le Très-Haut, dit :

« Souvenez-vous de Moi, Je me souviendrais de vous. »[2]

« Tenez vos engagements vis-à-vis de Moi, Je tiendrai les Miens. »[3]

De plus, Allah est le plus Bienveillant des bienveillants. Il récompense une bonne action en la décuplant et plus encore. Celui qui se rapproche de Lui d'un empan, Il se rapproche de lui d'une coudée. Celui qui se rapproche de Lui d'une coudée, Il se rapproche de lui d'une brasse, et celui qui va vers Lui en marchant, Il se hâte vers lui.[4]

---

1 Rapporté par Al-Tabarani. Jugé faible par Al-Albani.

2 Sourate 2 : La Vache, verset 152.

3 Sourate 2 : La Vache, verset 40.

4 Ceci est mentionné dans le hadith rapporté par Al-Boukhari & Muslim : Le Prophète (paix sur lui) relate que son Seigneur, à Lui la Puissance et la Grandeur, a dit : **« Lorsque le serviteur se rapproche de Moi d'un empan, Je Me rapproche de lui d'une coudée. Lorsqu'il se rapproche de Moi d'une coudée, Je Me rapproche de lui d'une brasse, et lorsqu'il vient vers Moi en marchant, Je Me hâte vers lui. ».**

Tout ce qui est donné à l'individu provient de lui-même. Rien ne l'éprouve de ce qu'il déteste sans que cela ne soit le résultat de ses manquements vis-à-vis des droits de son Seigneur.

'Ali (qu'Allah l'agrée) a dit : « Le serviteur doit placer son espoir en son Seigneur et en son Seigneur seulement. Il n'a rien à craindre en dehors de ses péchés. ».

Il a été dit : « Celui qui clarifie et purifie sera purifié. Celui qui mélange sera traité selon cela. ».

Masruq a dit : « Celui qui respecte scrupuleusement Allah malgré l'instabilité et les caprices de son cœur, Allah préservera pour lui les mouvements de ses membres. ».

Il y a beaucoup plus à dire à ce sujet, mais ce que nous avons mentionné suffit et la louange tout entière appartient à Allah.

Chapitre 3 : Allah est avec toi

Le Messager d'Allah (paix sur lui) a dit :

« **Préserve Allah et tu Le trouveras devant toi.** ».

Une autre version mentionne :

« **Préserve Allah et tu le trouveras avant toi.** ».

Cela signifie que celui qui préserve les limites d'Allah et respecte soigneusement Ses droits trouvera Allah avec lui dans toutes ses affaires. Il l'entourera de toute part, l'aidera, le préservera, le soutiendra, affermira ses pas et lui octroiera son approbation divine.

Il est :

« **Celui qui observe ce que chaque âme acquiert** »[1]

Il, le Très-Haut, est :

« **Avec ceux qui [L'] ont craint avec piété et ceux qui sont** bienfaisants. »[2]

Qatadah a dit : « Allah est avec ceux qui Le craignent avec piété. Celui qui a Allah avec lui se trouve dans le camp qui ne sera jamais vaincu, chez la sentinelle qui jamais ne dort jamais et auprès du guide qui jamais ne s'égare. ».

---

1 Sourate 13 : Le Tonnerre, verset 33.

2 Sourate 16 : Les Abeilles, verset 128.

L'un des Pieux Prédécesseurs écrivit à son frère les propos suivants : « Si Allah est avec toi, alors qui vas-tu craindre ? S'Il est contre toi, alors en qui vas-tu placer ton espoir ? Paix ! ».

Cette « compagnie » est d'un genre spécifique et spécial qui n'est réservé qu'aux pieux. Il ne s'agit pas de « la compagnie » générale mentionnée dans Sa Parole :

« Il est avec vous où que vous soyez »[1]

« Mais ils ne cherchent pas à se cacher d'Allah. Or, Il est avec eux quand ils tiennent la nuit des paroles qu'Il (Allah) n'agrée pas. Et Allah cerne parfaitement ce qu'ils font. »[2]

Cette « compagnie » implique l'aide, le soutien et la préservation, telle qu'Allah a dit à Moïse et Haroun :

« Ne craignez rien. Je suis avec vous, J'entends et Je vois. »[3]

Il, le Très-Haut, a dit :

« Il dit à son compagnon : « Ne t'afflige pas, Allah est avec nous ! »[4]

Il (paix sur lui) a dit à Abu Bakr, dans cette situation :

« Que penses-tu de deux, dont Allah est le troisième ? »[5]

---

1 Sourate 57 : Le Fer, verset 4.
2 Sourate 4 : Les Femmes, verset 108.
3 Sourate 20 : Ta-Ha, verset 46.
4 Sourate 9 : Le Repentir, verset 40.
5 Rapporté par Al-Boukhari & Muslim.

Le sens de cette « compagnie » n'est pas le même que celle mentionnée dans Sa Parole :

« Pas de conversation secrète entre trois sans qu'Il ne soit leur quatrième, ni entre cinq sans qu'Il n'y ne soit leur sixième, ni moins ni plus que cela sans qu'Il ne soit avec eux, là où ils se trouvent. »[1]

Ici, le sens est général et fait référence à tout groupe de personnes.

Le sens spécifique correspond à ce qui à quoi le *hadith* suivant fait référence :

« Mon serviteur ne cesse de se rapprocher de Moi par les actes surérogatoires jusqu'à ce que Je l'aime. Une fois que Je l'ai aimé, Je deviens son ouïe avec laquelle il entend, sa vue avec laquelle il voit, sa main avec laquelle il combat et son pied avec lequel il marche. »[2].

Il existe de nombreux textes issus du Livre et de la Sounnah qui prouvent que le Seigneur, Glorifié soit-Il, est proche de ceux qui Lui obéissent et Le craignent, qui préservent Ses limites et respectent soigneusement Ses droits.

Sur le chemin vers Tabuk, Bunan al-Hammal passa par de vastes terres et se sentit soudain seul. Une voix cria : « Pourquoi te sens-tu seul ? Ton Bien-Aimé n'est-il pas avec toi ? ».

Ainsi, celui qui préserve Allah et remplit soigneusement Ses droits Le trouvera devant lui et avant lui en toutes circonstances. Il se réconfortera auprès de Lui et se suffira de Lui en lieu et place de Ses créatures. Un *hadith* mentionne :

1 Sourate 58 : La Discussion, verset 7.
2 Rapporté par Al-Boukhari.

« La meilleure foi consiste en ce que le serviteur sache qu'Allah est avec lui où qu'il se trouve. ».

Il a été rapporté par Tabarani et d'autres[1].

Développer ce point dans son entièreté serait très long.

L'un des savants dotés de sagesse fut contraint de voyager seul. Lorsque certains vinrent lui faire leurs adieux, il répondit en récitant les vers suivants :

Lorsque nous embarquons de nuit avec Toi devant nous
Ta mention est une provision suffisante et un guide pour nous.

Shibli répétait ces vers et clôturait parfois son assemblée par eux.

1 Rapporté par Al-Tabarani. Jugé faible par Al-Albani.

Chapitre 4 : Connaître Allah

Le Messager d'Allah (paix sur lui) a dit :

« Connais Allah dans la facilité et Il te connaîtra dans la difficulté. ».

Le sens de ces propos est que le serviteur qui craint Allah, préserve Ses limites et remplit soigneusement Ses droits en temps de facilité et de confort, finit par connaître Allah. Cela fait naître une connaissance spirituelle entre lui et Allah. Il en résulte alors que son Seigneur le connaîtra en temps de difficulté. Il connaîtra les œuvres qu'a accomplies son serviteur en période d'aisance. En raison de cette connaissance, Il le soulagera en période d'adversité.

Il s'agit également d'une connaissance spirituelle spécifique qui mène à la proximité d'Allah, le Tout-Puissant, à Son amour envers Son serviteur et à Sa réponse à ses invocations.

Ce n'est donc pas la connaissance spirituelle générale qui est désignée ici, celle en rapport avec Sa Création dont rien ne Lui est caché.

Allah, le Très-Haut, a dit :

« C'est Lui qui vous connaît le mieux quand Il vous a produits de terre, et aussi quand vous étiez des embryons dans les ventres de vos mères. »[1]

---

1 Sourate 53 : L'Étoile, verset 32.

« Nous avons effectivement créé l'Homme et Nous savons ce que son âme lui suggère »[1]

Il est fait référence à cette connaissance spécifique dans le *hadith qudsi* :

« Mon serviteur ne cesse de se rapprocher de Moi par les actes surérogatoires jusqu'à ce que Je l'aime. Une fois que Je l'ai aimé, Je deviens son ouïe avec laquelle il entend, sa vue avec laquelle il voit, sa main avec laquelle il combat et son pied avec lequel il marche. S'il Me demande alors quelque chose, Je la lui donne et s'il Me demande Ma protection, Je la lui accorde ». »[2]**.**

Fudayl rencontra Sha'wanah, la dévote, et lui demanda qu'elle invoque pour lui. Elle répondit : « Qu'est-ce qui te sépare de Lui ? Si tu L'invoques, Il te répondra. ». Sur ces mots, il s'évanouit et tomba inconscient.

Abu Ja'far al-Sa'ih rapporte qu'al-Hasan se rendit chez Habib, Abu Muhammad, alors qu'il fuyait Hajjaj.

Il dit : « Abu Muhammad ! Cache-moi, car le police est sur mes pas ! ».

Il répondit : « Abu Sa'id, j'ai honte de toi ! N'existe-t-il pas une relation de confiance entre toi et ton Seigneur, de façon à ce que tu puisses L'invoquer et qu'Il te cache d'eux ? Entre chez moi. ».

Les policiers entrèrent après lui, mais ne le virent pas. Cela fut rapporté à Hajjaj qui dit : « Il était plutôt dans la maison, mais Allah a obscurci leur vue afin qu'ils ne le voient pas. ».

Lorsque cette connaissance spécifique survient, une lien spirituel spécial naît entre le serviteur et son Seigneur. Ce lien

---

1 Sourate 50 : Qaf, verset 16.

2 Rapporté par Al-Boukhari.

procure un sentiment de confort et d'intimité avec Lui, couplé à un sentiment de pudeur envers Lui. Cette connaissance spirituelle spécifique est différente de celle qui est générale et qui s'applique à tous les croyants. C'est à cette connaissance spirituelle spécifique que les gnostiques aspirent et dont ils parlent.

Abu Sulayman entendit un homme dire : « J'ai passé la nuit à parler des femmes. ».

Il dit : « Malheur à toi ! N'as-tu pas honte de Lui ? Il te voit passer la nuit à mentionner autre que Lui ! Mais de toute façon, comment pourrais-tu te montrer pudique envers Celui que tu ne connais même pas ? ».

Ahmad ibn 'Asim al-Antaki a dit : « Mon vœu est de mourir après avoir connu mon Maître. Le connaître ne signifie pas affirmer [Son existence], mais il s'agit plutôt de la connaissance qui conduit à se montrer pudique envers Lui. ».

Cette connaissance spirituelle spécifique mène le serviteur à se satisfaire de son Seigneur, s'appuyer sur Lui, s'en remettre à Lui quant à la délivrance de toute difficulté et détresse, tout comme elle conduit à ce que le Seigneur exauce ses invocations.

Lorsqu'al-Hasan al-Basri se cacha de Hajjaj, on lui suggéra de fuir Bassorah de crainte qu'il ne soit découvert. Il pleura et dit : « Dois-je quitter ma ville, ma famille et mes frères ? Ma connaissance de mon Seigneur, ainsi que de Ses bienfaits dont Il m'a fait grâce me pousse à croire qu'Il me sauvera et me délivra de lui, si Allah, le Très-Haut, le veut. ». Hajjaj ne lui fit jamais aucun mal. Au lieu de cela, après cet incident, il l'honorait grandement et parlait bien de lui.

On demanda à Ma'ruf : « Qu'est-ce qui a fait naître en toi le désir de t'isoler et de te vouer à l'adoration ? ». Le questionneur mentionna la mort, le *barzakh*, le Paradis et l'Enfer comme causes possibles. Ma'ruf répondit : « Qu'est-ce que cela ? Tout cela est dans Sa Main. Lorsqu'il existe une connaissance spirituelle qui te lie à Lui, Il te suffit pendant tout cela. ».

Le *hadith* rapporté par Al-Tirmidhi, d'après Abu Hurayrah, clarifie ce point. Le Prophète (paix sur lui) a dit :

« Celui qui souhaite qu'Allah lui réponde en temps de difficulté doit fréquemment l'invoquer en période de facilité. »[1]**.**

Ibn Abi al-Dunya, Ibn Abi Hatim, Ibn Jarir et d'autres rapportent le *hadith* de Yazid al-Raqashi, d'après Anas, selon lequel le Prophète (paix sur lui) a dit :

« Lorsque Jonas (paix sur lui) invoqua, alors qu'il se trouvait dans le ventre de la baleine, les Anges dirent : « Voilà une voix familière, mais qui provient d'un endroit étrange ! ».
Allah dit : « Savez-vous de qui il s'agit ? ».
Ils demandèrent : « De qui s'agit-il ? ».
Allah répondit : « Mon serviteur, Jonas. ».
Ils dirent : « Jonas, Ton serviteur, celui dont les œuvres ont toujours été acceptées et dont les invocations ont toujours été exaucées ? ».
Allah dit : « Oui. ».
Ils dirent : « Seigneur ! Ne vas-tu pas lui faire miséricorde dans ce moment difficile par mérite pour ce qu'il faisait en temps d'aisance ? ».
Allah répondit : « Bien sûr ! ». Puis, Il ordonna à la baleine de le jeter sur le rivage désert. »[2]**.**

---

1 Rapporté par Al-Tirmidhi. Jugé bon par Al-Albani.

2 Rapporté par Ibn Abi al-Dunya avec une chaîne de transmission faible.

Dahhak ibn Qays a dit : « Rappelez-vous Allah en temps de facilité et Il se souviendra de vous en temps de difficulté. Jonas (paix sur lui) se souvenait d'Allah. Puis, quand il fut avalé par la baleine, Allah, le Très-Haut, dit :

« S'il n'avait pas été parmi ceux qui glorifient Allah, il serait resté dans son ventre jusqu'au Jour de la Résurrection. »[1]

Pharaon était un oppresseur, insouciant du rappel d'Allah. Lorsqu'il fut noyé, il dit : « Je crois ! » et Allah, le Très-Haut, dit :

« Croiras-tu maintenant, alors qu'auparavant tu désobéissais et étais du nombre des corrupteurs ? »[2]

Rishdin ibn Sa'd a dit : « Un homme demanda à Abu al-Darda de le conseiller. Il répondit : « Souviens-toi d'Allah dans la facilité, Il se souviendra de toi dans la difficulté. ».

Salman al-Farisi a dit : « Celui à qui il est donné le fait d'invoquer en période de facilité, puis qui fait face à une difficulté et implore Allah, les Anges disent : « C'est une voix familière... » et intercèdent en sa faveur. Celui à qui il n'est pas donné d'invoquer en période de facilité, puis qui fait face à une difficulté et implore Allah, le Tout-Puissant, les Anges disent de lui : « Ce n'est pas une voix familière. » et n'intercèdent pas en sa faveur. ».

Le *hadith* au sujet des trois qui sont entrés dans une caverne pour ensuite être bloqués par un rocher appuie également ce principe. Ils n'ont été sauvés que parce qu'ils ont invoqué Allah, citant les bonnes œuvres qu'ils avaient aupa-

---

1 Sourate 37 : Les Rangs, versets 143-144.

2 Sourate 10 : Jonas, verset 91.

ravant accomplies alors qu'ils se trouvaient dans l'aisance : respecter le droit des parents, délaisser un acte de débauche et tenir un engagement qui n'aurait pas été connu publiquement.[1].

On comprend donc maintenant que connaître Allah en période de facilité conduit à ce qu'Allah connaisse Son serviteur en temps de difficulté.

On comprend également qu'il n'y a aucune épreuve que le croyant affrontera dans ce bas monde pire que la mort. Cependant, cette épreuve est en réalité plus légère que ce qui suivra si la destination du serviteur est mauvaise, ou elle est la pire si la destination est bonne. Par conséquent, il devient obligatoire au serviteur de se préparer à la mort avant qu'elle ne se présente à lui en accomplissant de bonnes œuvres avec hâte. Nul ne sait quel jour ou quelle nuit il sera saisi par cette épreuve.

Se souvenir des bonnes œuvres au moment de la mort vivifie la bonne opinion du serviteur au sujet de son Seigneur, aide à soulager les affres de la mort et renforce l'espoir.

Il a été dit : « Il était considéré comme étant recommandé pour le serviteur d'avoir des bonnes œuvres cachées qui serviraient à soulager l'apparition de la mort. ».

Il était considéré également comme étant louable pour une personne de mourir après avoir accompli une adoration comme le pèlerinage, le *jihad* ou le jeûne.

Al-Nakha'i disait : « Ils considéraient louable de rappeler au serviteur, sur son lit de mort, ses bonnes œuvres afin qu'il se fasse une bonne opinion de son Seigneur. ».

1 Rapporté par Al-Boukhari & Muslim.

Alors qu'il était malade, Abu 'Abd Al-Rahman al-Sulami a dit : « Comment ne puis-je pas avoir espoir en mon Seigneur qui voit que j'ai jeûné quatre-vingts mois de Ramadan pour Lui ? ».

Lorsque la mort se présenta à Abu Bakr ibn 'Ayyash et que ceux qui l'entouraient pleuraient, il dit : « Ne pleurez pas, car j'ai terminé le Coran à cet endroit de prière treize-mille fois ! ».

Il est rapporté qu'il a dit à son fils : « Penses-tu qu'Allah gâcherait quarante années de la vie de ton père dont chaque nuit le vit compléter le Coran ? ».

Alors qu'il se trouvait sur son lit de mort, l'un des Pieux Prédécesseurs vit son fils pleurer. Il lui dit : « Ne pleure, car ton père n'a jamais commis d'acte indécent. » ».

Adam ibn Abu Iyas termina le Coran alors qu'il était déjà enveloppé, attendant sa mort. Il s'exclama : « Par mon amour pour Toi ! Sois doux avec moi durant ce moment terrible. Mes espoirs et mes attentes furent placés en Toi durant tout ce temps, en préparation de ce jour. Nulle divinité n'est digne d'être adorée en dehors d'Allah ! ». Il rendit l'âme sur ces mots, qu'Allah lui fasse miséricorde.

Sur son lit de mort, 'Abd Al-Samad, l'ascète, dit : « Mon Maître, c'est pour ce moment que je T'ai gardé dans mon commerce caché. C'est pour ce moment que je T'ai préservé. Donne une réalité à ma bonne opinion de Toi ! ».

Au moment de sa mort, les femmes qui entouraient Ibn 'Aqil pleuraient. Il dit : « J'ai donné des avis juridiques pour Lui pendant cinquante ans, laissez-moi seul préparer ma rencontre avec Lui. ».

Lorsque les Qaramitah ont attaqué les pèlerins, les massacrant alors qu'ils accomplissaient le *tawaf*, 'Ali ibn Bakwayh, le Soufi, l'accomplissait également. Malgré les coups d'épée répétés qui le frappaient, il ne stoppa pas son *tawaf*, jusqu'à ce qu'il s'écroule. Il était en train de réciter les vers suivants :

Tu vois les amoureux étendus
Prosternés dans leurs maisons
À l'image des gens de la caverne
Inconscients du temps qui s'est écoulé
Par Allah ! Si les amoureux avaient juré
Qu'en ce jour de conflit
Ils étaient d'ores et déjà parmi les morts
Ils n'auraient pas menti.

Celui qui, durant sa vie, obéit à Allah et préserve Ses limites, Allah prendra soin de lui sur son lit de mort et lui permettra de mourir sur la foi. Il l'affermira par la parole ferme, dans sa tombe, lorsqu'il sera questionné par les deux anges. Il repoussera de lui le châtiment de la tombe. Il lui octroiera le réconfort de l'isolement en ce moment de solitude et de ténèbres.

L'un des Pieux Prédécesseurs a dit : « Si Allah est avec toi lorsque tu entres dans la tombe, tu ne subiras aucun mal ni ne sera seul. ».

Après sa mort, un savant parmi les pieux fut aperçu dans un rêve. On l'interrogea sur sa condition. Il répondit : « Mon Seigneur, le Tout-Puissant, me tient compagnie. ».

Celui qui, dans ce monde, possède Allah comme Compagnon dans les moments de retraite et de solitude peut réellement espérer qu'Allah soit son Compagnon dans les ténèbres de la tombe, lorsqu'il quittera ce monde. C'est dans ce sens qu'il a été dit :

Lorsque je me sens isolé, seul,
Mon Seigneur ! Sois mon Compagnon.
Car j'ai cru complètement
En Ta Révélation.
Mon voyage vers Allah
Me laisse sans appréhension aucune
Plus que ma famille
Il me montre douceur et compassion !

La même chose s'applique à la terreur du Jour de la Résurrection, à ses horreurs et ses épreuves. Lorsqu'Allah prend soin de Son serviteur obéissant, Il le délivre de tout cela.

Qatadah a dit dans son explication de la Parole du Très-Haut :

« Et quiconque craint Allah, Il Lui donnera une issue favorable »[1]

« (Il lui donnera une issue favorable) par rapport à l'épreuve de la mort et aux terreurs du Jour de la Résurrection. ».

'Ali ibn Abu Talhah rapporte qu'Ibn 'Abbas (qu'Allah l'agrée) a dit dans son commentaire de ce verset : « [Cela signifie] Nous le délivrerons de toute épreuve dans ce monde et dans l'au-delà. ».

Concernant la parole d'Allah, le Très-Haut :

« Ceux qui disent : « Notre Seigneur est Allah », et qui se tiennent dans le droit chemin, les Anges descendent sur eux. «N'ayez pas peur et ne soyez pas affligés; mais ayez la bonne nouvelle du Paradis qui vous était

1 Sourate 65 : Le Divorce, verset 2.

promis. » »[1]

Zayd ibn Aslam a dit : « On lui annoncera la bonne nouvelle au moment de sa mort, dans sa tombe et le Jour où il sera ressuscité. Il se trouvera au Paradis avant que la joie de la bonne annonce n'ait la possibilité de quitter son cœur ! ».

Thabit al-Bunani a dit dans le commentaire de ce verset : « Il nous a été rapporté que deux anges qui accompagnaient le croyant dans ce monde le rencontreront quand Allah le ressuscitera de sa tombe. Ils diront : « N'aie pas peur, ne t'afflige pas. ». Allah soulagera alors sa crainte et réconfortera son œil. Il n'existe pas une seule terreur qui terrassera l'Homme le Jour de la Résurrection sans qu'elle soit une source de confort pour le croyant en raison du fait qu'Allah l'a guidé et de ce qu'il a accompli durant sa vie. ». Tout cela a été rapporté par Ibn Abi Hatim et d'autres.

Quant à celui qui ne connaît pas Allah dans les moments de facilité, il n'aura personne pour le connaître en période de difficulté, ni dans cette vie ni dans l'au-delà. Constater la condition de ce type de gens dans ce monde témoigne de cette réalité et leur condition dans l'au-delà sera pire encore, car ils n'auront ni protecteur ni soutien.

1 Sourate 41 : Les Versets Détaillés, verset 30.

Chapitre 5 : Demander à Allah

Le Messager d'Allah (paix sur lui) a dit :

« **Lorsque tu demandes, demande à Allah.** ».

Allah, le Très-Haut, a ordonné qu'on ne demande qu'à Lui seul et a interdit qu'on demande à un autre. Allah, le Très-Haut, a ordonné qu'on Lui demande :

« **Demandez à Allah de Sa grâce** »[1]

Al-Tirmidhi rapporte le *hadith* d'Ibn Mas'ud d'après lequel le Messager d'Allah (paix sur lui) a dit :

« **Demandez à Allah de Sa grâce, car Allah aime qu'on Lui demande.** »[2]

Il rapporte également le *hadith* de Abu Hurayrah selon lequel le Prophète (paix sur lui) a dit :

« **Allah se met en colère contre celui qui ne Lui demande pas.** »[3]

Il rapporte également le *hadith* suivant :

« **Allah aime ceux qui sont les plus sincères et les plus persistants en invocation.** »[4]

---

1 Sourate 4 : Les Femmes, verset 32.
2 Rapporté par Al-Tirmidhi. Jugé faible par Al-Albani.
3 Rapporté par Al-Tirmidhi. Jugé bon par Al-Albani.
4 Rapporté par Al-Tabarani et non par Al-Tirmidhi. Jugé inventé par Al-Albani.

Un autre *hadith* mentionne :

« Chacun d'entre vous doit demander à son Seigneur pour tous ses besoins, même si les lacets de sa sandale venaient à se casser. »[1]

De nombreux *ahadith* ont le même sens. Il existe également beaucoup d'*ahadith* authentiques qui interdisent de demander aux créatures.

Ibn Mas'ud rapporte que le Messager d'Allah (paix sur lui) a dit :

« Une personne, en dépit d'être riche, persiste à demander jusqu'à ce que son visage s'use et qu'elle n'ait ensuite aucun visage auprès d'Allah. »[2]

Le Prophète (paix sur lui) prit un serment d'allégeance de la part d'un groupe de Ses Compagnons qui mentionnait le fait qu'ils ne demandent rien aux gens[3]. Parmi eux se trouvaient Abu Bakr Al-Siddiq, Abu Dharr et Thawban. Si leur cravache ou la muselière de leur chameau tombaient, ils ne demandaient à personne de les retrouver pour eux.

Sache que ce qui est requis est de demander à Allah, le Très-Haut, plutôt qu'à Ses créatures, que ce soit d'un point de vue rationnel ou juridique.

Demander est une façon de sacrifier son honneur et de se rabaisser face à celui à qui l'on demande. Or, cela n'est valable

---

1 Rapporté par Al-Tirmidhi. Jugé faible par Al-Albani.

2 Rapporté par Al-Tabarani d'après Mas'ud ibn 'Amar et non pas Ibn Mas'ud. Jugé *munkar* par Ibn Abi Hatim. Cependant, Al-Boukhari & Muslim rapportent, d'après Ibn 'Umar, que le Prophète (paix sur lui) a dit : **« Une personne ne cesse de demander aux gens jusqu'à ce qu'elle vienne le Jour de la Résurrection sans un seul morceau de chair sur son visage. »**.

3 Rapporté par Muslim.

qu'envers Allah. Se rabaisser ne se fait que pour Allah à travers l'adoration et la demande. Il s'agit d'un signe d'amour sincère.

Yusuf ibn al-Husayn fut interrogé : « Qu'est-ce qui pousse les amoureux à prendre autant de plaisir à s'humilier en amour ? ».

Il répondit :

Dans l'amour, le rabaissement d'une personne est noblesse
Et la soumission à l'être aimé est dignité.

Cet acte de rabaissement et cet amour ne sont valables qu'envers Allah. Ils composent l'adoration véritable qui n'est réservée qu'au seul Dieu Véritable.

L'imam Ahmad, qu'Allah lui fasse miséricorde, disait dans ses invocations : « Ô Allah ! Tout comme tu as empêché mon visage de se prosterner pour un autre que Toi, empêche-le également de demander à un autre que Toi ! ».

Abu al-Khayr al-Aqta' a dit : « Alors que je me trouvais à La Mecque pendant une année, je fus affligé par le besoin et la maladie. Chaque fois que je sortais demander de l'aide, une voix criait : « Tu souhaites offrir un visage qui se prosterne pour Moi à quelqu'un d'autre ? » ».

En ce sens, il a été dit :

Celui qui Lui offre son visage
N'acceptera jamais de demander
À un autre que Lui
Même si mendier lui apporte la richesse
Lorsque tu compares la demande
Avec n'importe quel cadeau obtenu
La demande l'emportera

Et les présents seront secondaires
Si tu es contraint d'offrir
Ton visage à la mendicité
Offre-le à Celui
Qui est Doux et Généreux.

C'est pour cette raison que celui qui s'adonne à la mendicité sans être dans le besoin viendra le Jour de la Résurrection sans aucun morceau de chair sur son visage tel que cela a été rapporté dans les deux *Sahihs*[1]. En effet, dans ce monde, il ôta la noblesse, la sacralité et l'honneur de son visage. Ainsi, Allah, le Jour de la Résurrection, ôtera sa beauté physique et sa grâce, ne laissant à la place qu'un visage squelettique démuni de chair. De plus, il ne détiendra aucun rang auprès d'Allah.

La demande à Allah exprime la servitude profonde, car en accomplissant cet acte, le serviteur affiche son besoin de Lui et reconnait Sa capacité à y répondre.

Demander à une créature est de l'injustice, car elle est incapable d'attirer le bien pour elle-même ou de repousser un mal. Que dire alors quand elle doit le faire pour un autre qu'elle ?! Demander aux créatures consiste à choisir un être incapable en lieu et place de Celui qui est capable.

Cette signification est attestée par le *hadith* dans *Sahih Muslim*, d'après Abu Dharr, selon lequel le Prophète (paix sur lui) a dit :

« **Ô Mes serviteurs, si les premiers et les derniers d'entre vous, si les Hommes et les Djinns parmi vous, se tenaient tous sur une même terre, si tous me demandaient quelque faveur et si Je la donnais à tous ceux qui la demandent, cela ne diminuerait en rien ce que J'ai, pas**

1 Rapporté par Al-Boukhari & Muslim.

plus que ce que retire l'aiguille plongée dans la mer. »[1]

Al-Tirmidhi et d'autres rapportent l'ajout suivant :

« ...car Je suis le Généreux, le Riche au-delà de tout besoin, le Glorieux. Je fais ce que Je veux. Ma récompense est un mot et Mon châtiment est un mot. Lorsque Je veux qu'une chose soit, Je dis seulement « Soit ! » et elle est. »[2]**.**

Donc, comment peut-on demander à celui qui se trouve dans le besoin et qui est incapable et délaisser le Riche et le Capable ?! Cela est certes très étonnant !

L'un des Pieux Prédécesseurs a dit : « J'ai honte de demander à Allah quoique ce soit de ce bas monde alors qu'il Lui appartient. Comment donc puis-je demander à quelqu'un à qui il n'appartient pas ?! ».

L'un des Pieux Prédécesseurs passa par des moments difficiles et décida de demander de l'aide à l'un de ses frères. Il vit une personne en rêve dire :

Est-il acceptable pour celui qui est libre
Lorsqu'il trouve tout ce qu'il désire auprès d'Allah
De faire pencher son cœur vers les serviteurs ?

Il se réveilla et constata que, parmi les gens, il était celui doté du cœur le plus satisfait.

L'un des Pieux Prédécesseurs a dit :
« J'ai lu le passage qui suit dans l'une des écritures célestes :

1 Rapporté par Muslim.
2 Rapporté par Al-Tirmidhi qui le juge bon.

« Allah, le Tout-Puissant, a dit :

« Peut-on espérer en autre que Moi dans les temps difficiles ? L'adversité est dans Ma Main et Je suis le Vivant, Celui qui se suffit à Lui-même. Espère-t-on en autre que moi en tapant à sa porte tôt le matin ? Dans Mes Mains se trouvent les clés de tous les trésors et Ma Porte est ouverte à quiconque M'invoque ! Qui peut affirmer qu'il a placé ses espoirs en Moi durant l'épreuve et que Je l'ai abandonné ? Qui peut affirmer qu'il a placé ses espoirs en Moi pendant l'adversité et que J'ai coupé court à son espoir ? Qui peut affirmer qu'il a frappé à Ma porte et que Je ne l'ai pas ouverte pour lui ? Je suis la Source de l'espoir, donc comment l'espoir peut-il être éteint devant Moi ? Suis-je un avare que le serviteur trouve avare ? Qu'est-ce qui empêche ceux qui espèrent de placer leurs espoirs en Moi ? Si je réunissais les habitants des cieux et de la terre, que je donnais à chacun d'entre eux l'équivalent de ce que je donne à l'ensemble d'entre eux et que je concrétisais l'espoir de chacun d'entre eux, mon Royaume ne diminuerait pas du poids d'un atome ! Comment un Royaume peut-il diminuer alors que J'en suis le Gérant ? Misérable est celui qui désespère de Ma Miséricorde et transgresse mes interdits avec audace ! ».

Allah aime qu'on lui demande et se met en colère contre celui qui ne Lui demande pas. Il désire que Ses serviteurs Le désirent, Lui demandent, L'invoquent et affichent leur besoin de Lui. Il aime ceux qui sont fervents et persistants dans leurs invocations. Les créatures, de manière générale, détestent qu'on leur demande, car elles sont incapables et se trouvent dans le besoin.

Ibn al-Sammak a dit : « Ne demande pas à celui qui te fuira au lieu d'écouter ta requête. Demande plutôt à Celui qui t'a ordonné de Lui demander. ».

Abu al-'Atahiyyah a dit :

Allah se met en colère si tu délaisses le fait de Lui demander
Le fils d'Adam se met en colère si tu lui demandes
Dirige ta requête vers Dieu
Puisque nous vacillons entre les bienfaits de notre Seigneur.

Yahya ibn Mu'adh a dit : « Ô Toi qui te met en colère contre celui qui ne Te demande pas, ne Te retiens pas face à celui qui te demande ! ».

Allah, le Très-Haut, requiert de Ses serviteurs qu'ils Lui demandent. Chaque nuit, Il appelle : « **« Y a-t-il quelqu'un pour M'invoquer afin que je réponde à son invocation ? Y a-t-il quelqu'un pour Me demander afin que je lui accorde sa demande ? »[1].**

Allah, le Très-Haut, a dit :

« **Et quand Mes serviteurs t'interrogent sur Moi... alors Je suis tout proche : Je réponds à l'appel de celui qui Me prie quand il Me prie.** »[2]

Peu importe le moment où le serviteur L'invoque, il Le trouvera à l'écoute, proche et attentif. Il n'y aura aucun voile entre eux et aucun garde au pas de la porte. S'il demandait à une créature, il ferait très rapidement face à des barrières érigées et des portes fermées. Il se rendrait compte qu'il est, la plupart du temps, très difficile d'atteindre la personne visée.

Tawus a dit à 'Ata : « Prends garde de chercher de l'aide auprès de celui qui fermera sa porte à ton visage et qui érigera une barrière. Rends-toi plutôt chez Celui dont la porte est ouverte jusqu'au Jour du Jugement, qui t'a ordonné de Lui demander et qui t'a promis qu'Il te répondrait. ».

---

1 Rapporté par Al-Boukhari & Muslim.
2 Sourate 2 : La Vache, verset 186.

Wahb ibn Munabbih a dit à l'un des savants : « N'ai-je pas appris que tu te rendais auprès des rois et des princes leur (vendant) ton savoir ? Malheur à toi ! Tu te rends chez celui qui fermera sa porte à ton visage et te fera comprendre qu'il est pauvre, cachant sa richesse et tu délaisses Celui qui t'a ouvert Sa porte, midi et soir, te présentant Sa richesse et te disant : « Invoque-Moi et Je te répondrai » ?! ».

Maymun ibn Mihran aperçut des gens se rassembler à la porte de l'un des dirigeants et dit : « Celui dont le besoin n'est pas rempli par le Sultan doit savoir que les maisons du Tout-Miséricordieux sont toujours ouvertes. Qu'il se rende à la mosquée et prie deux unités en Lui demandant de remplir son besoin. ».

Bakr al-Muzani a dit : "Fils d'Adam, qui est dans une meilleure situation que toi ? Lorsque tu le souhaites, tu peux te purifier et t'entretenir en privé avec ton Seigneur, sans obstacle entre vous et sans besoin de traducteur. »

Un homme demanda à un pieux d'intercéder en sa faveur afin que quelqu'un réponde à sa requête. Il dit : « Je ne vais pas délaisser une porte ouverte pour me rendre vers une porte fermée. ».

À ce sujet, il a été dit :

Les cours des rois sont fermées
La porte d'Allah est ouverte, non barricadée.

Un autre a dit :

Dis à ceux qui se cachent des demandeurs
Dans des maisons dont il est interdit de s'approcher
Et dont les sentinelles empêchent l'entrée
« À Sa porte, Allah n'a aucune sentinelle. ».

Un autre a dit à un savant :

Ne t'assieds pas à la porte de celui
Qui t'en refuse l'entrée
Ton motif : « Mon besoin ne sera pas rempli
Si je ne visite pas sa maison. »
Délaisse-le et rends-toi plutôt vers son Seigneur,
Il sera rempli, contrairement au précédent qui rechignait !

Ibn Abi al-Dunya rapporte le *hadith* selon lequel un homme se rendit auprès du Prophète (paix sur lui) et dit :

« Messager d'Allah, telle tribu m'a attaqué et a capturé mon fils et mes chameaux. ».

Le Prophète (paix sur lui) dit :

« La famille de Muhammad vit à tel endroit. Elle ne possède même pas un mudd ou un sa' de nourriture. Donc demande à Allah, le Tout-Puissant, le Très-Haut. ».

Il retourna auprès de sa femme. Elle demanda :

« Que t'a-t-il dit ? ».

Il lui raconta alors l'échange.

Elle dit : « Quelle excellente réponse ! ».

Peu de temps après, Allah lui rendit son fils accompagné d'un plus grand nombre de chameaux qu'avant !

Il se rendit alors chez le Prophète (paix sur lui) et lui raconta ce qu'il s'était passé.

Le Prophète (paix sur lui) monta sur la chaire et loua Allah, faisant son éloge. Puis, il ordonna aux gens de demander à Allah, le Tout-Puissant, le Très-Haut, ainsi que de placer leurs désirs en Lui. Il récita :

« Et quiconque craint Allah, Il Lui donnera une issue favorable »[1]

Un homme demanda à Thabit al-Bunani d'intercéder

1 Sourate 65 : Le Divorce, verset 2.

en sa faveur auprès d'un juge afin que son besoin soit rempli. Thabit se leva pour l'accompagner et chaque fois qu'il passait par une mosquée sur le chemin, il y entrait, priait et invoquait. Lorsqu'ils arrivèrent à destination, le juge n'était plus là. L'homme s'apprêta à le blâmer, mais il dit : « Tout ce temps, je n'ai fait que répondre à ta requête. ». Allah remplit son besoin sans qu'il fût nécessaire pour lui de se rendre auprès du juge.

Alors qu'Ishaq ibn 'Ubbad al-Basri dormait, il vit une fois une personne en rêve lui dire : « Soulage l'angoissé ! ».

À son réveil, il demanda : « Y'a-t-il une personne dans le besoin dans le voisinage ? ».

On lui répondit : « Nous ne savons pas. ».

Il s'endormit alors et le même rêve se produisit une seconde fois, puis une troisième fois durant laquelle l'homme dit : « T'endors-tu sans le soulager ? ».

Il se réveilla, pris trois-cents dirhams avec lui et se rendit à Basra sur sa mule. Une fois là-bas, il s'arrêta à la porte d'une mosquée où se tenaient certaines prières funéraires. Il entra et vit un homme prier. Lorsque ce dernier se rendit compte de sa présence, il compléta sa prière et s'approcha de lui.

Ishaq dit : « Ô serviteur d'Allah ! (Que fais-tu) ici à cette heure-ci ? De quoi as-tu besoin ? ».

Il répondit : « Je suis un homme qui ne détient en sa possession que cent dirhams que j'ai perdus et j'ai une dette de deux-cents dirhams. ».

Isahq sortit son argent et dit : « Voici trois-cents dirhams, prends-les. ».

L'homme les accepta et Ishaq demanda : « Me connais-tu ? ».

Il répondit : « Non. »

Il dit : « Je suis Ishaq ibn 'Ubbad. Si tu rencontres une difficulté, viens me voir, ma maison se trouve à tel endroit. ».

L'homme répondit : « Qu'Allah te fasse miséricorde ! Si l'adversité nous touche, nous nous en remettrons en premier lieu à Celui qui t'a amené ici ! ».

'Abd Al-Rahman ibn Zayd ibn Aslam a dit :

« Un matin, ma mère dit à mon père : « Par Allah, il n'y a aucune viande à manger dans ta maison ! ».

Il se leva, fit les ablutions, enfila ses vêtements habituels et pria dans la maison. Ma mère se tourna vers moi et dit : « Ton père ne va rien faire de plus que cela, donc va ! ».

Je sortis et un ami de notre famille qui vendait des dattes me vint à l'esprit. Je me suis rendit alors à son marché. Lorsqu'il me vit, il m'appela, me ramena chez lui et m'offrit à manger. Puis, de sa propre volonté, sans que je ne lui parle de quoique ce soit au sujet de nos difficultés, il sortit une bourse contenant trente dinars et dit : « Transmets mes salutations à ton père et dis-lui que nous avons fait de lui notre associé dans notre affaire et qu'il s'agit de sa part. ». ».

Ibrahim ibn Adham partit en expédition militaire avec certains de ses collègues. Ils décidèrent de partager les dépenses. Chacun donna sa part. Il commença à réfléchir à quel compagnon il allait demander un emprunt. Puis, il se dit à lui-même : « Malheur à moi ! Je cours après les serviteurs et je délaisse leur Maître ?! Il m'a dit : « Qui mérite plus ta requête, eux ou Moi ? » ». Il accomplit ses ablutions, pria deux unités, puis une fois en prosternation, il dit : « Mon Seigneur ! Tu sais ce que j'ai fait et je ne l'ai fait que par erreur et ignorance. Si Tu me châties, je le mérite et si Tu me pardonnes, Tu en es capable. Tu connais bien mon besoin, alors remplis-le par Ta miséricorde ! ». Il leva sa tête et trouva quatre-cents dinars près de lui. Il prit un dinar et s'en alla.

Asbagh ibn Zayd a dit : « Nous passèrent, ma famille et moi, trois jours sans manger quoi que ce soit. Mes deux jeunes filles vinrent me voir en pleurant : « Ô père ! Nous avons faim ! ».

Je me rendis donc au bassin, accomplis mes ablutions, priai

deux unités et fut inspiré de prononcer une certaine invocation, dont les derniers mots furent : « Ô Allah, ouvre les portes des provisions pour moi et ne me laisse pas endetté auprès de quiconque ni ne me rend responsable à ce sujet face à Toi dans l'au-delà, par Ta miséricorde, Ô le plus Miséricordieux des miséricordieux. ».

Je revins chez moi et ma fille aînée se tenait là. Elle me dit : « Père, mon oncle vient juste de venir avec cette bourse contenant des dirhams, cette caisse chargée de farine et cette caisse chargée de tout ce que l'on trouve au marché ! Il a dit : « Transmets mes salutations à mon frère et dis-lui qu'à chaque fois qu'il est dans le besoin, il doit invoquer avec cette invocation et son besoin sera rempli. ». ».

Asbagh dit ensuite : « Par Allah, je n'ai pas de frère et je ne sais pas qui était cette personne. Cependant, Allah est Omnipotent ! » ».

Hakam ibn Musa a dit : « Je me suis levé un matin et ma femme se plaignait de ne pas avoir de farine ni de pain. Je suis sorti, sachant que je ne serais pas en mesure d'obtenir quoique ce soit. Alors que je marchais dans la rue, je dis : « Ô Allah ! Tu sais que je sais que Tu sais que je ne possède ni farine, ni pain, ni argent, alors octroie-nous tout cela ! ».

Un homme s'approcha de moi et me demanda : « Désires-tu du pain ou de la farine ? ».

Je répondis : « L'un ou l'autre. ».

Puis, je me suis mis à la recherche de moyens d'obtenir ce dont j'avais besoin pendant toute la journée, mais je n'y suis pas parvenu. Lorsque je suis rentré chez moi, ma famille avait préparé un véritable festin à base de pain et de viande.

Je leur ai alors demandé : « Où avez-vous trouvé cela ? ».

Ils m'ont répondu : « Chez la personne que tu nous as envoyée ! ».

J'ai alors gardé le silence. ».

Awza'i a dit : « Alors que j'accomplissais le *tawaf*, j'ai vu un homme s'accrocher au tissu de la *Ka'bah* en disant : « Mon Seigneur ! Tu vois comme je suis pauvre. Tu vois mes enfants dévêtus. Tu vois mon chameau décharné. Alors qu'est-ce qui Te voit, Ô Celui qui voit sans être vu ! ».

Une voix appela de derrière lui disant : « Asim, Asim, rends-toi chez ton oncle, il vient de décéder à Ta'if et a laissé derrière lui mille brebis, trois-cents chameaux, quatre-cents dirhams, quatre esclaves et trois épées Yéménites. Va et prends tout, car tu es son seul héritier ! ».

Je dis alors : « Asim, Celui que tu as invoqué était proche de toi ! ».

Il répondit : « N'as-tu pas entendu Sa Parole :

« Et quand Mes serviteurs t'interrogent sur Moi... alors Je suis tout proche : Je réponds à l'appel de celui qui Me prie quand il Me prie. »[1]

Les récits et évènements concernant ce sujet sont nombreux. Les mentionner rendrait ce traité très long. Ils peuvent être lus dans des ouvrages tels que *al-Faraj ba'd al-Shiddah* et *Mujabi al-Da'wah* d'Ibn Abi al-Dunya, *Kitab al-Mustasrikhina bi Allahi 'inda Nuzuli al-Bala'* de Qadi Abu al-Walid ibn al-Saffar, *Kitab al-Mustaghithina bi Allahi 'inda Nuzuli al-Bala'* de Hafidh Abu al-Qasim ibn Bashkwal al-Andalusi, ainsi que dans d'autres travaux traitant de l'ascétisme, de l'histoire et du cœur.

Shaykh Abu al-Faraj rapporte dans son grand ouvrage sur l'histoire, avec sa chaîne de transmission incluant Hasan ibn Sufyan al-Fasawi, qu'il résidait en Égypte avec un groupe de collègues, écrivant le *hadith*. Ils se trouvaient dans le besoin. Ils ont donc vendu leurs biens. Ils finirent par n'avoir plus rien à vendre. Ils furent donc contraints de subir la faim pendant trois jours sans rien trouver à manger. Ils se réveillèrent

1 Sourate 2 : La Vache, verset 186.

le quatrième jour en ayant pris la décision de mendier en raison de leur besoin vital. Ils décidèrent de tirer au sort afin de choisir celui qui sortirait mendier et cela tomba sur Hasan ibn Sufyan. Il raconte : « Je fus confus et désemparé. Je n'arrivais pas à me résoudre à mendier. Au lieu de cela, je me suis rendu à la mosquée et j'ai prié deux unités dans lesquelles j'ai supplié Allah, le Tout-Puissant, le Très-Haut, de nous soulager de notre épreuve. Je n'avais pas encore terminé ma prière qu'un homme entra dans la mosquée, accompagné de son servant qui portait un tissu. Il demanda : « Qui se nomme Hasan ibn Sufyan ? ». Je levai ma tête de la prosternation et je répondis : « C'est moi. ». Il dit : « 'Amir ibn Tulun te transmet ses salutations et te souhaite la bienvenue. Il te demande pardon de ne pas s'occuper de tes affaires et de ne pas remplir tes droits. Il t'a envoyé tout ce dont tu as besoin pour assumer tes dépenses. Il te visitera lui-même demain et demande que tu l'excuses. ». Il plaça dans les mains de chacun d'entre nous une bourse contenant cent dirhams. Nous fûmes étonnés et nous avons alors demandé comment cela avait pu se produire. Il répondit : « Aujourd'hui, alors qu'il était endormi, il vit en rêve un cavalier dans le ciel disant : « Lève-toi et rends-toi auprès de Hasan ibn Sufyan et ses compagnons à telle mosquée. Ils n'ont rien mangé depuis trois jours ! ».

Il demanda : « Qui es-tu ? ».

Il répondit : « Je suis Ridwan, le gardien du Paradis ! ».

Hasan dit : « Nous avons remercié Allah, le Tout-Puissant, le Très-Haut. Puis, nous avons préparé nos affaires, mis tout en ordre et avons quitté l'Égypte la même nuit, de peur que 'Amir nous visite. Par cela, nous avons gagné en célébrité et en rang au sein des gens, ce qui pouvait mener à l'ostentation et la suffisance. ».

Il rapporte également, avec sa chaîne de transmission incluant Muhammad ibn Harun al-Ruwayani, que lui et Muhammad ibn Nasr al-Marwazi, Muhammad ibn 'Ulwayh al-Warraq et Muhammad ibn Ishaq ibn Khuzaymah se sont tous rencontrés. Il mentionna alors la même histoire que ci-dessus dans les sens et indiqua que celui qui avait invoqué était en réalité Ibn Khuzaymah. Il rapporte via une autre chaîne de transmission qu'ils étaient quatre : Muhammad ibn Jarir, Muhammad ibn Nasr, Muhammad ibn Khuzaymah et Muhammad ibn Harun.

Chapitre 6 : Solliciter l'aide d'Allah

Le Messager d'Allah (paix sur lui) a dit :

« **Lorsque tu sollicites de l'aide, sollicite celle d'Allah.** ».

Après nous avoir ordonné de préserver Allah et de Le connaître en temps de facilité, cela étant l'essence même de l'adoration, il nous a tourné vers le fait de demander à Allah Seul et de L'invoquer : « **L'invocation est l'adoration.** »[1], tel que cela est mentionné dans le *hadith* de Nu'man ibn Bashir. Après avoir dit cela, le Prophète (paix sur lui) récita :

« **Et votre Seigneur dit : « Appelez-Moi, Je vous répondrai.** » »[2]

Ce *hadith* est rapporté par les auteurs des Quatre *Sunans*.

À la suite de tout cela, il (paix sur lui) nous invite à solliciter l'aide d'Allah Seul. Cela est dérivé de Sa Parole :

« **C'est Toi Seul que nous adorons et c'est de Toi Seul dont nous implorons le secours.** »[3]

Ce verset illustre un principe global et il est dit que le mes-

---

1 Rapporté par Al-Tirmidhi. Authentifié par Al-Albani.

2 Sourate 40 : Le Pardonneur, verset 60.

3 Sourate 1 : L'Ouverture, verset 5.

sage essentiel de toutes les écritures révélées tourne autour de lui.

Il existe deux bienfaits dans la sollicitation de l'aide d'Allah Seul :

– le serviteur ne possède pas la force nécessaire d'accomplir les actes d'obéissance sans l'aide d'Allah
– Personne ne peut l'aider à améliorer sa vie d'ici-bas et son au-delà en dehors d'Allah, le Tout-Puissant, le Très-Haut.

Celui qu'Allah aide est certes aidé. Celui qu'Allah abandonne a certes été abandonné.

Un *hadith* authentique mentionne que le Prophète (paix sur lui) a dit :

« Recherche ce qui t'est profitable, sollicite l'aide d'Allah et ne faiblis pas. »[1]

Il (paix sur lui) disait dans ses sermons et enseignait à ses Compagnons de dire :

« Toutes les louanges appartiennent à Allah, nous demandons Son aide et recherchons Sa guidance... ».[2]

Il ordonna à Mu'adh de ne jamais délaisser l'invocation suivante :

« Ô Allah ! Aide-moi à me souvenir de Toi, à me montrer reconnaissant envers Toi et à rendre bonne mon adoration de Toi. » à la fin de chaque prière.[3]

---

1 Rapporté par Muslim.

2 Rapporté par Al-Shafi'i avec une chaîne de transmission très faible. Le sermon, sans les mots « recherchons Sa guidance » est rapporté par Muslim.

3 Rapporté par Ahmad. Authentifié par Al-Albani.

L'une de ses (paix sur lui) invocations était :

« Mon Seigneur ! Aide-moi et n'aide pas autrui contre moi ! »[1].

L'invocation du *Qunut* qui était utilisée par 'Umar et d'autres mentionne : « Ô Allah ! Nous sollicitons Ton aide ! »[2].

Un récit connu mentionne qu'après avoir frappé la mer pour la diviser, Moïse (paix sur lui) a dit : « Ô Allah ! Toutes les louanges t'appartiennent, c'est auprès de Toi que l'on se plaint, Tu es Celui dont l'aide est recherchée, c'est vers Toi que l'on se tourne pour le soulagement, c'est en Toi que l'on place notre confiance. Il n'y a ni force ni mouvement excepté par Toi. ».

Le serviteur est dans le besoin de solliciter l'aide d'Allah dans l'accomplissement de ce qui est prescrit, dans le délaissement de ce qui est interdit et dans le fait de supporter avec patience les vicissitudes du décret. Jacob (paix sur lui) a dit :

« [Il ne me reste plus donc] qu'une belle patience ! C'est Allah qu'il faut appeler au secours contre ce que vous racontez !»[3]

C'est pour cette raison que 'Aishah prononça les mêmes paroles lors de l'incident de la Calomnie et Allah l'innocenta de cette fausse accusation.

Moïse dit à son peuple :

---

1 Rapporté par Ahmad. Authentifié par Al-Albani.

2 Rapporté par Tahawi avec une chaîne de transmission *jayyid*.

3 Sourate 12 : Joseph, verset 18.

«Demandez l'aide à d'Allah et soyez patients. ».[1]

Allah a dit à son Prophète (paix sur lui) :

« Il dit : « Seigneur, juge en toute justice ! Et Notre Seigneur le Tout Miséricordieux, c'est Lui dont le secours est imploré contre vos assertions ». »[2]

Lorsque le Prophète (paix sur lui) annonça à 'Uthman la bonne nouvelle de son entrée au Paradis après avoir traversé des épreuves, il dit : **« Et l'aide d'Allah est recherchée ! »**[3].

Lorsqu'ils entrèrent chez 'Uthman et qu'ils le frappèrent, il dit, le sang coulant le long de son corps : « Nulle divinité n'est digne d'être adorée en dehors de Toi, Pureté à Toi, j'ai certes été du nombre des injustes[4]. Ô Allah ! Je cherche refuge auprès de Toi contre eux, je sollicite Ton aide dans toutes mes affaires et je Te demande la patience de supporter ce par quoi Tu m'as testé ! ».

Il est rapporté d'après Abu Talhah que le Prophète (paix sur lui) a dit durant l'une de ses batailles, au moment de rencontre l'ennemi :

« Ô le Maître du Jour du Jugement, c'est Toi seul que nous adorons et c'est de Toi seul dont nous implorons le secours ! ». Abu Talhah a dit : « J'ai vu des hommes s'écrouler en raison de crises ! »[5].

---

1 Sourate 7 : Al-A'raf, verset 128.

2 Sourate 21 : Les Prophètes, verset 112.

3 Rapporté par Muslim.

4 Le Prophète (paix sur lui) a dit : **« L'invocation de Dhun-Nun (Jonas) quand il invoqua son Seigneur depuis le ventre de la baleine : « Nul n'est digne d'être adoré en dehors de Toi ! Pureté à Toi ! J'ai certes été du nombre des injustes » : il n'est pas de serviteur invoquant par cette invocation sans qu'il ne soit exaucé. ».** Rapporté par Ahmad. Authentifié par Al-Albani.

5 Rapporté par Al-Tabarani. Jugé faible par Al-Albani.

Cela a été rapporté par Abu al-Shaykh al-Asbahani.

Le serviteur a besoin de solliciter l'aide d'Allah dans l'acquisition du bien dans sa vie religieuse et mondaine, tout comme Zubayr l'a dit dans son dernier conseil à son fils, 'Abdullah, lui demandant de s'acquitter de ses dettes : « Si tu en es incapable, sollicite l'aide de mon Maître. ».
Il demanda : « Père, qui est ton maître ? ».
Zubayr répondit : « Allah. »
Son fils dit : « Lorsque j'avais des difficultés à payer ses dettes, je disais : « Maître de Zubayr, paye sa dette ! » et elle était acquittée. ».

Au cours du premier sermon que 'Umar ibn al-Khattab (qu'Allah l'agrée) délivra sur la chaire, il dit : « Les Arabes sont à l'image d'un chameau agonisant[1] dont je tiens la muselière. Je le conduirais à travers la grande plaine et je sollicite l'aide d'Allah en cela. ».

Le serviteur aura également besoin de l'aide d'Allah pour traverser les terreurs du Jour de la Résurrection, dès le moment de sa mort.

Lorsque Khalid ibn al-Walid fut sur son lit de mort, l'un des hommes autour de lui dit : « Il s'agit d'une chose terriblement difficile. ». Khalid répondit : « Certes ! Mais je sollicite l'aide d'Allah, le Tout-Puissant, le Très-Haut. ».

Lorsque 'Amir ibn 'Abdullah ibn al-Zubayr fut sur son lit de mort, il pleura et dit : « Je ne pleure qu'en raison de la chaleur du jour et de la fraîcheur de la station debout. » désignant le fait de jeûner le jour et de prier la nuit. Il dit : « Je sollicite l'aide d'Allah dans le fait de supporter cette blessure fatale qui me touche. ».

---

1 C'est-à-dire qu'il supporte la douleur et fait ce qu'il doit faire.

L'un des anciens disait : « Mon Seigneur ! Je m'étonne de celui qui Te connaît et de comment il peut avoir espoir en un autre. Je m'étonne de celui qui Te connaît et de comment il peut solliciter l'aide d'un autre ! ».

Al-Hasan a écrit à 'Umar ibn 'Abd Al-'Aziz, qu'Allah leur fasse miséricorde : « Ne sollicite l'aide d'aucun autre en dehors d'Allah ou Allah te laissera à lui. ».

Il a été dit : « Sollicite l'aide d'Allah, recherche Son soutien, car il est le meilleur de ceux dont l'aide est recherchée. ».

Chapitre 7 : La Plume est levée

Il (paix sur lui) a dit :

« La Plume a séché (après avoir écrit) tout ce qui se produira. »

et dans une autre version : **« La Plume est levée et les pages ont séché. »**

et dans une autre encore : **« La Plume est levée et les parchemins ont séché. »**.

Toutes ces paroles servent de métonymies. Elles font référence au fonctionnement du décret et au fait que tout a été enregistré dans un livre ancien et global. Il a été dit au sujet d'un livre qui a été complété il y a longtemps : les plumes ont été levées de lui ou les plumes utilisées pour l'écrire ont séché ou les pages ont séché. Il s'agit d'une belle façon de faire référence au décret et d'un moyen d'accentuer la gravité du sens.

Le Livre et la *Sounnah* authentique soulignent également cette signification.

Allah, le Tout-Puissant, Le Très-Haut, a dit :

« Nul malheur n'atteint la terre ni vos personnes, qui ne soit enregistré dans un Livre avant que Nous ne l'ayons créé ; et cela est certes facile à Allah »[1]

1 Sourate 57 : Le Fer, verset 22.

Dahhak rapporte qu'Ibn 'Abbas a dit : « Allah a créé La Plume et lui a ordonné de bouger par Sa permission. La taille de La Plume est équivalente à l'espace entre les cieux et la terre.

La Plume a dit : « Seigneur, que dois-je écrire ? ».

Il répondit : « Tout ce que je vais créer et tout ce qui se produira au sein de Ma création : la pluie, la végétation, les âmes, les œuvres, la subsistance et la durée de vie. ».

La Plume a ensuite écrit tout ce qui se produira jusqu'au Jour de la Résurrection et Allah plaça cela dans un Livre inscrit sous le Trône, avec Lui. ».

Abu Zabyan rapporte qu'Ibn 'Abbas a dit : « La première chose qu'Allah a créée fut la Plume.

Il lui ordonna : « Écris ! ».

Elle demanda : « Que dois-je écrire ? ».

Il répondit : « Le décret. ».

Elle inscrivit ensuite tout ce qui doit se produire jusqu'à l'apparition de la Dernière Heure. ». Il récita ensuite :

« Nûn. Par la plume et ce qu'ils écrivent ! »[1]

Abu al-Duha rapporte quelque chose de similaire de la part d'Ibn 'Abbas. Le récit de Abu al-Duha est également rapporté en tant que *hadith* du Messager (paix sur lui), mais n'est pas authentique.

Ibn Battah rapporte, avec une chaîne de transmission faible, d'après Abu Hurayrah, que le Prophète (paix sur lui) a dit :

« La première chose qu'Allah créa fut la Plume et après elle, al-Nun qui est un encrier.
Il ordonna : « Écris ! ».

1 Sourate 68 : La Plume, verset 1.

Elle demanda : « Que dois-je écrire ? ».

Il répondit : « Écris tout ce qui se produira jusqu'au Jour de la Résurrection. ».

Il s'agit de la parole d'Allah, le Tout-Puissant, le Très-Haut :

« Nûn. Par la plume et ce qu'ils écrivent ! »[1]

Puis, la Plume fut scellée de manière à ce qu'elle ne puisse pas parler et elle ne s'exprimera pas jusqu'à au Jour de la Résurrection. ».[2]

L'imam Ahmad, Abu Dawud, et Al-Tirmidhi rapporte le *hadith* de 'Ubadah ibn al-Samit selon lequel le Prophète (paix sur lui) a dit :

« La première chose qu'Allah créa fut la Plume. Il lui ordonna : « Écris ! ». En cette heure, elle écrivit tout ce qui se produira jusqu'au Jour de la Résurrection. »[3]**.**

Muslim rapporte d'après 'Abdullah ibn 'Amr que le Prophète (paix sur lui) a dit :

« Allah a enregistré les destins de toutes les créatures cinquante-mille ans avant qu'Il ne crée les cieux et la terre. »[4]**.**

L'imam Ahmad, Al-Tirmidhi et Al-Nasa'i rapporte le *hadith* de 'Abdullah ibn 'Amr qui a dit :

« Le Messager d'Allah (paix sur lui) se rendit auprès de nous. Il transportait deux livres.

---

1 Sourate 68 : La Plume, verset 1.

2 Rapporté par Al-Ajurri. Jugé *batil* et *munkar* par Al-Albani.

3 Rapporté par Ahmad. Authentifié par Al-Albani.

4 Rapporté par Muslim.

Il demanda : « Savez-vous ce que sont ces livres ? ».

Nous répondîmes : « Non, Messager d'Allah, à moins que tu nous le dises. ».

Il dit, à propos du livre qui se trouvait dans sa main droite : « Il s'agit d'un livre provenant du Seigneur des mondes. Il contient les noms des habitants du Paradis, les noms de leurs parents et de leurs tribus. Il contient jusqu'au dernier homme et ils n'augmenteront ni ne diminueront en nombre. ».

Il dit à propos du livre dans sa main gauche : « Il s'agit d'un livre provenant du Seigneur des mondes. Il contient les noms des habitants du Feu, les noms de leurs parents et de leurs tribus. Il contient jusqu'au dernier homme et ils n'augmenteront ni ne diminueront en nombre. ».

Ses Compagnons demandèrent : « Messager d'Allah, si l'affaire et d'ores et déjà décidée, pourquoi œuvrer ? ».

Il répondit : « Restez fermes, persévérants et pondérés. Le dernier acte d'un habitant du Paradis sera un acte des habitants du Paradis, quoiqu'il ait pu accomplir auparavant et le dernier acte d'un habitant du Feu sera un acte des habitants du Feu, quoiqu'il ait pu accomplir auparavant. ».

Puis le Messager d'Allah (paix sur lui) fit signe avec ses mains, laissant tomber les livres : « Votre Seigneur a décidé de tout à propos de ses serviteurs :

« Un groupe au Paradis et un groupe dans la fournaise ardente. »[1].[2]

L'imam Ahmad rapporte le *hadith* de Abu al-Darda d'après lequel le Prophète (paix sur lui) a dit :

« Allah a décidé de cinq choses pour chaque serviteur :

1 Sourate 42 : La Consultation, verset 7.

2 Rapporté par Ahmad. Jugé bon par Al-Albani.

sa durée de vie, sa subsistance, ses œuvres, ses repos et le fait qu'il soit malheureux ou heureux. »[1]

L'imam Ahmad et Al-Tirmidhi rapporte le *hadith* de Ibn Mas'ud d'après lequel le Prophète (paix sur lui) a dit :

« Allah a créé chaque âme et a décrété sa vie, sa subsistance et les épreuves qu'elle rencontrera. »[2]

Muslim rapporte le *hadith* de Jabir selon lequel un homme interrogea le Messager d'Allah (paix sur lui) :

« Messager d'Allah, quel est le but des œuvres accomplies aujourd'hui ? Concernent-elles les affaires pour lesquelles les plumes ont séché et les destins qui ont déjà été décidés ou concernent-elles quelque chose de notre futur ? ».

Il répondit : « Elles concernent plutôt les affaires pour lesquelles les plumes ont séché et les destins déjà décidés. ».

L'homme demanda : « Alors, pourquoi œuvrer ? ».

Il répondit : « Œuvrez, car chacun sera facilité (vers ce pour quoi il a été créé). »[3]

De nombreux *ahadiths* et paroles de Compagnons évoquent ce principe. Il a été dit :

Dévoue-toi complètement à l'affaire
La Plume a séché, écrivant tout ce qui se produira

1 Rapporté par Ahmad. Authentifié par Al-Albani.
2 Rapporté par Ahmad. Authentifié par Al-Albani.
3 Rapporté par Muslim.

L'homme a un Créateur
Dont nul ne peut empêcher le décret ni l'ordre.

Chapitre 8 : Seul le Décret d'Allah est en vigueur

Le Messager d'Allah (paix sur lui) a dit :

« Si toutes les créatures se réunissaient pour essayer de t'apporter un bienfait à travers une chose qu'Allah n'a pas ordonnée, elles ne pourraient pas y parvenir. Et si elles se liguaient pour te nuire, à travers une chose qu'Allah n'a pas décrétée, elles ne pourraient pas y parvenir. ».

Cela signifie que tout mal ou bien que le serviteur rencontre dans ce bas monde a d'ores et déjà été décrété pour lui. Il lui est impossible de rencontrer quoique ce soit qui n'a pas été décrété pour lui, même si l'ensemble des créatures s'efforcent de leur mieux à cela. Le Coran prouve également ce point dans des versets tels que les suivants :

« Dis : « Rien ne nous atteindra, en dehors de ce qu'Allah a prescrit pour nous. » »[1]

« Nul malheur n'atteint la terre ni vos personnes, qui ne soit enregistré dans un Livre avant que Nous ne l'ayons créé ; et cela est certes facile à Allah »[2]

« Dis : « Eussiez-vous été dans vos maisons, ceux pour qui la mort était décrétée seraient sortis pour l'endroit où

1 Sourate 9 : Le Repentir, verset 51.

2 Sourate 57 : Le Fer, verset 22.

la mort les attendait. »[1]

L'imam Ahmad rapporte le *hadith* de Abu al-Darda selon lequel le Prophète (paix sur lui) a dit :

« Toute chose a une réalité et le serviteur n'atteindra pas la réalité de la foi avant qu'il ne sache que ce qui l'a atteint n'aurait jamais pu le manquer et que ce qui l'a manqué n'aurait jamais pu l'atteindre. »[2].

Abu Dawud et Ibn Majah rapportent un *hadith* au sens similaire d'après Zayd ibn Thabit.

Sache que ce conseil tout entier donné à Ibn 'Abbas tourne autour de ce principe central et des branches qui en dérivent.

Lorsque le serviteur comprendra qu'il ne rencontrera aucun bien ni mal, aucun bienfait ni aucun malheur, sans qu'Allah ne l'ai préalablement décrété pour lui, lorsqu'il réalisera que si l'ensemble des créatures s'efforçaient de toutes leurs forces à essayer de produire autre chose que Son décret, elles seraient impuissantes, il reconnaitra alors qu'Allah seul est celui qui octroie le bien et cause le mal, et qu'Il est le Seul qui donne et qui retient.

Cette reconnaissance conduira le serviteur à perfectionner l'Unicité de son Seigneur, le Tout-Puissant, le Très-Haut. C'est à Lui seul qu'il demandera de l'aide, c'est Lui seul qu'il suppliera et c'est à Lui seul qu'il se soumettra et devant qui il s'humiliera.

C'est Lui seul qu'il adorera et c'est à Lui seul qu'il obéira. Cela, car une chose est adorée dans l'espoir qu'elle attire le

---

1 Sourate 3 : La Famille de 'Imran, verset 154.
2 Rapporté par Ahmad. Authentifié par Al-Albani.

bien et repousse le mal. C'est pour cette raison qu'Allah a blâmé ceux qui adorent ce qui ne peut ni leur profiter ni leur nuire, dont l'adoration n'est d'aucune utilité.

Nombreux parmi ceux qui n'ont pas concrétisé la réalité de la foi dans leurs cœurs placent en réalité l'obéissance aux créatures avant l'obéissance au Créateur dans l'espoir qu'elles leur octroient des bienfaits et repoussent des maux.

Lorsque le serviteur réalise réellement que seul Allah peut apporter profit, causer ou repousser le mal, donner et priver, il L'unifiera nécessairement dans l'obéissance et l'adoration, Le favorisant par rapport à l'obéissance à toute créature. Cela conduira également forcément le serviteur à L'unifier, Glorifié soit-Il, dans la demande d'aide et dans la supplication.

Ce magnifique conseil global mentionne tous ces principes, chacun étant d'une importance immense.

Le fait qu'un serviteur préserve Allah, le Tout-Puissant, le Très-Haut, fait référence au fait de préserver Ses limites et de soigneusement remplir Ses droits. Telle étant la réalité de Son adoration. C'est par cela que ce conseil débute.

Puis, ce principe mène au fait qu'Allah préserve son serviteur. Telle est la concrétisation de l'objectif de chaque serviteur.

Ce qui est mentionné ensuite est le fait de connaître Allah en temps de facilité, cela menant au fait qu'Allah connaisse Son serviteur en temps de difficulté. Il s'agit d'une partie de la préservation du serviteur par Allah. Elle la complète. Les périodes de difficulté ont spécifiquement été mentionnées ici, car, en de telles occasions, les serviteurs se trouvent dans le besoin vital de recourir à celui qui les connaît et qui peut les soulager. À de tels moments, même les polythéistes L'invoquent Lui seul, Le suppliant, L'implorant, reconnaissant que Seul Lui, Glorifié soit-Il, peut faire disparaître le mal auquel ils font face.

Cependant, une fois soulagés, ils retournent au polythéisme, comme Allah l'a mentionné à plusieurs endroits de Son Livre. Il les a blâmés pour cela.

Le Prophète (paix sur lui), dans son conseil, nous a ordonné de nous opposer à leur pratique en connaissant Allah en temps de facilité, à travers le fait de pratiquer la religion pour Lui seul, d'obéir à Lui seul et de chercher à nous rapprocher de Lui seul. Cela conduira nécessairement à ce qu'Il nous connaisse en temps de difficulté et à ce qu'Il nous en soulage.

Ensuite est mentionné le fait de demander à Allah Seul et de solliciter Son aide seule. Ce principe incorpore à la fois les périodes de facilité et les périodes de difficultés.

Puis est mentionné le principe sur lequel tout ce qui a précédé repose : Allah, le Très-Haut, est le Seul qui produit les bienfaits, qui cause et repousse les maux, qui donne et qui retient, seul ce qu'Il a décrété et prédéterminé se produira, toute la Création est physiquement incapable de causer un mal ou un bienfait quelconque qui atteint une personne sans que cela n'ait été déjà établi dans le Livre.

Concrétiser et réaliser ce principe conduit le serviteur à rompre toute dépendance aux créatures. Cela l'empêche de leur demander, de solliciter leur aide et de placer son espoir en elles dans la recherche de bienfaits et dans le fait de repousser le mal.

Cela l'empêche également de les craindre en pensant qu'elles peuvent lui profiter ou lui nuire. Cela, ensuite, implique le fait qu'il unifie Allah Seul dans l'obéissance et l'adoration. Il placera l'obéissance à Allah au premier plan, avant l'obéissance aux créatures. Il fera tout son possible pour se préserver de Son mécontentement, même s'il mécontente l'ensemble de toutes les créatures.

Un *hadith* rapporté d'après Abu Sa'id mentionne que le Messager d'Allah (paix sur lui) a dit :

« **Fait partie de la faiblesse de la certitude qu'une personne plaise aux gens en déplaisant à Allah, qu'elle fasse leur éloge pour la subsistance qu'Allah lui a donné et qu'elle les blâme pour une chose dont Allah l'a privé. L'avarice d'une personne ne lui apportera pas la subsistance d'Allah et l'aversion envers quiconque ne la repoussera pas. »**[1].

Ils sont certes beaux, les mots du poète :

Tu voudrais savourer la vie même lorsqu'elle devient amère
Tu voudrais être satisfait même lorsque les créatures sont en colère
Tout devient facile, si ton amour est sincère
Car tout ce qui est sur cette terre n'est que poussière.

Sache que toute créature qui marche sur la terre n'est que poussière. Comment donc est-il possible d'obéir à une telle créature avant le Seigneur des seigneurs ? Comment peut-on plaire à la poussière en déplaisant au Roi, au Dispensateur ? Voilà une chose bien troublante !

Dans de nombreux endroits, le Coran pose les fondations du principe selon lequel Allah, Glorifié soit-il, est le Seul qui donne et qui retient :

1 Rapporté par Al-Bayhaqi. Jugé inventé par Al-Albani.

« Ce qu'Allah accorde en miséricorde aux gens, il n'est personne à pouvoir le retenir. Et ce qu'Il retient, il n'est personne à le relâcher après Lui. Et c'est Lui le Puissant, le Sage. »[1]

« Et si Allah fait qu'un mal te touche, nul ne peut l'écarter en dehors de Lui. Et s'Il te veut un bien, nul ne peut repousser Sa grâce. Il en gratifie qui Il veut parmi Ses serviteurs. Et c'est Lui le Pardonneur, le Miséricordieux. »[2]

« Dis : « Voyez-vous ceux que vous invoquez en dehors d'Allah ; si Allah me voulait du mal, est-ce que [ces divinités] pourraient dissiper Son mal ? Ou s'Il me voulait une miséricorde, pourraient-elles retenir Sa miséricorde? » - Dis: « Allah me suffit: c'est en Lui que placent leur confiance ceux qui cherchent un appui » »[3]

Il, le Très-Haut, relate à propos de Son Prophète Noé (paix sur lui) :

« Ô mon peuple, si mon séjour (parmi vous), et mon rappel des signes d'Allah vous pèsent trop, alors c'est en Allah que je place (entièrement) ma confiance. Concertez-vous avec vos associés, et ne cachez pas vos desseins. Puis, décidez de moi et ne me donnez pas de répit. »[4]

Il, le Très-Haut, relate à propos de Son Prophète Hud (paix sur lui) :

« Il dit : « Je prends Allah à témoin — et vous aussi soyez témoins — qu'en vérité, je désavoue ce que vous

1 Sourate 35 : Le Créateur, verset 2.
2 Sourate 10 : Jonas, verset 107.
3 Sourate 39 : Les Groupes, verset 38.
4 Sourate 10 : Jonas, verset 71.

associez, en dehors de Lui. Rusez donc tous contre moi et ne me donnez pas de répit. Je place ma confiance en Allah, mon Seigneur et le vôtre. Il n'y a pas d'être vivant qu'Il ne tienne par son toupet. Mon Seigneur, certes, est sur un droit chemin. » »[1]

Il a été dit :

Tout ce qu'Allah a décrété pour moi doit forcément se produire
Qui peut éviter le décret par la prudence ?
Allah mérite plus nos propres personnes que nous-mêmes
Que sommes-nous d'autres que Ses sujets, gouvernés par Son décret ?

Un homme s'est plaint à Fudayl al-Faqah. Il répondit : « Cherches-tu qu'un autre qu'Allah se charge de tes affaires ? ».

Il a été dit :

Gouverne ! Ta gouvernance ne sera d'aucun profit
Le décret passera sur tout ce que tu administres
Le Seigneur régule toutes les affaires
Le décret suit tout ce qu'Il ordonne.

1 Sourate 11 : Hud, versets 54 à 56.

Chapitre 9 : Les mérites de la patience

Le Messager d'Allah (paix sur lui) a dit :

« Sache qu'un grand bien repose dans le fait de supporter avec patience ce que tu détestes. ».

La version rapportée par 'Umar, l'esclave affranchi de Ghufrah, d'après Ibn 'Abbas, cite une phrase supplémentaire :

« Si tu es capable d'œuvrer pour Allah, d'être satisfait et de te trouver dans un état de certitude, fais-le. Si tu en es incapable, sache qu'un grand bien repose dans le fait de supporter avec patience ce que tu détestes. »[1]

La certitude désigne ici la concrétisation de la foi dans le décret. Ceci est mentionné de manière explicite dans le hadith de son fils, 'Ali ibn 'Abdullah ibn 'Abbas, d'après son père qui ajoute les mots suivants :

« J'ai demandé : « Messager d'Allah, comment puis-je agir avec certitude ? ».
Il répondit : « C'est lorsque tu sais que ce qui t'a éprouvé n'aurait jamais pu te manquer et que ce qui tu as manqué n'aurait jamais pu t'éprouver. ».

1 Rapporté par Abu Nu'aym.

Cependant, la chaîne de transmission est faible.

Lorsque tu as consolidé la certitude du décret et de la prédestination dans ton cœur, il trouve forcément le repos et la paix. Ce sens précis est exprimé par le Coran :

« Nul malheur n'atteint la terre ni vos personnes, qui ne soit enregistré dans un Livre avant que Nous ne l'ayons créé ; et cela est certes facile à Allah, afin que vous ne vous tourmentiez pas au sujet de ce qui vous a échappé, ni n'exultiez pour ce qu'Il vous a donné. Et Allah n'aime point tout présomptueux plein de gloriole. »[1]

Dans l'exégèse de ce verset, Dahhak a dit : « Il a renforcé leur détermination : « afin que vous ne vous tourmentiez pas au sujet de ce qui vous a échappé », donc ne vous attristez pas de ce qui vous a échappé dans cette vie, car Nous ne l'avons pas décrété pour vous. « Ni n'exultiez pour ce qu'Il vous a donné », n'exultez pas pour ce que Nous vous avons attribué ici-bas, car cela n'aurait jamais pu être retenu à vous. ». Rapporté par Ibn Abi al-Dunya.

Sa'id ibn Jubayr a expliqué ce verset par les mots : « « afin que vous ne vous tourmentiez pas au sujet de ce qui vous a échappé » en matière de bien-être et de richesse, car vous savez que cela a été décrété pour vous avant même qu'Il ne vous crée. ». Rapporté par Ibn Abi Hatim.

C'est à la lumière de ce principe qu'un des Pieux Prédécesseurs a dit : « La foi dans le décret fait disparaître l'inquiétude et la détresse. ».

Le Prophète (paix sur lui) a fait référence à cela en disant :

---

1 Sourate 57 : Le Fer, versets 22-23.

« Recherche ce qui t'est profitable, sollicite l'aide d'Allah et ne faiblis pas. Si un malheur t'afflige, ne dis pas : « Si seulement j'avais fait ceci ou cela ! ». Dis plutôt : « Tel est le décret d'Allah, et Il fait ce qu'Il veut. » Car [la particule] « Si » ouvre la porte aux suggestions du diable. »»[1]

Ce *hadith* fait allusion au fait qu'au début de l'épreuve, celui qui se rappelle du décret verra disparaître les insufflations de Satan qui conduisent à l'inquiétude, à la détresse et au chagrin.

Anas a dit : « **J'ai servi le Prophète (paix sur lui) pendant dix ans et il ne m'a jamais réprimandé pour telle chose que j'avais faite en me disant : « Pourquoi as-tu fait cela ? » ou bien blâmé pour telle autre chose que je n'avais pas faite en disant : « Pourquoi n'as-tu pas fait cela ?! »**[2].

Il a également dit : « **Lorsqu'une personne de sa famille me réprimandait, il disait : « Laissez-le. Si quelque chose a été décrété, cela se produira. » »**.[3].

Le hadith avec la formulation additionnelle a été rapporté par l'Imam Ahmad.

Ibn Abi al-Dunya rapporte, avec une chaîne de transmission qui pose problème, que 'Aishah a dit :

« Les mots les plus fréquents du Prophète (paix sur lui) quand il rentrait chez lui étaient :

« **Tout ce qu'Allah a décrété se produira.** »

1 Rapporté par Muslim.

2 Rapporté par Al-Boukhari & Muslim.

3 Rapporté par Ahmad avec une chaîne de transmission qui respecte les critères d'Al-Boukhari & Muslim.

Il rapporte également, avec une chaîne de transmission *mursal*, que le Prophète (paix sur lui) a dit à Ibn Mas'ud :

« Ne t'inquiète pas excessivement, ce qui a été décrété se produira et la subsistance qui t'est destinée viendra à toi. »[1].

Dans le *hadith* de Abu Hurayrah, le Prophète (paix sur lui) a dit :

« « ***La hawla wa la quwwata illa billah***[2] » est un remède contre quatre-vingt-dix-neuf maux, le moindre d'entre eux étant l'inquiétude. »[3]. Rapporté par Tabarani et Hakim.

Concrétiser ce propos conduit nécessairement à déléguer toutes les affaires à Allah et à croire que rien ne se produira à moins qu'Allah le veuille. La foi en ce principe fait disparaître l'inquiétude et la détresse.

Le Prophète (paix sur lui) conseilla un homme en disant :

« Ne conteste pas Allah pour une chose qu'Il a décrétée pour toi. »[4].

Lorsque le serviteur observe l'effet de la Sagesse d'Allah et Sa Miséricorde à travers Son décret et Sa prédestination, qu'il sait qu'Il ne doit pas être contesté pour Son décret, il atteint le degré de la satisfaction face au destin.

Allah, le Tout-Puissant, a dit :

« Nul malheur n'atteint [l'homme] que par la permis-

---

1 Rapporté par Al-Bayhaqi & Ibn Abi al-Dunya.

2 Il n'y a de changement ni de force qu'en Allah.

3 Rapporté par Tabarani. Jugé faible par Al-Albani.

4 Rapporté par Ahmad. Jugé bon par Al-Albani.

sion d'Allah. Et quiconque croit en Allah, [Allah] guide son cœur. »[1]

'Alqamah a dit dans l'exégèse de ce verset : « Cela fait référence à un malheur qui frappe un individu, mais ce dernier sait qu'il provient d'Allah, alors il l'accepte et se montre satisfait. ».

Dans un *hadith* authentique, le Prophète (paix sur lui) a dit :

« Que le cas du croyant est étonnant ! Son cas est toujours bon et cela n'appartient qu'au croyant. Si une joie le touche, il se montre reconnaissant, ce qui est bon pour lui ; et si un malheur le touche, il patiente, ce qui est bien pour lui. »[2]

Le Coran prouve également cela :

« Dis : « Rien ne nous atteindra, en dehors de ce qu'Allah a prescrit pour nous. Il est notre Protecteur. C'est en Allah que les croyants doivent mettre leur confiance». Dis : « Qu'attendez-vous pour nous, sinon l'une des deux meilleures choses ? Tandis que ce que nous attendons pour vous, c'est qu'Allah vous inflige un châtiment de Sa part ou par nos mains. Attendez donc ! Nous attendons aussi, avec vous »».[3]

Ici, Il nous informe que rien ne peut leur arriver en dehors de ce qu'Il a décrété. Cela indique que, peu importe la situation qu'ils rencontrent, difficile ou facile, cela revient au même pour eux. Il nous informe ensuite qu'Il est leur Maître

---

1 Sourate 64 : Le Grande Perte, verset 11.

2 Rapporté par Muslim.

3 Sourate 9 : Le Repentir, versets 51-52.

et que celui qui se trouve dans une telle position ne sera pas abandonné par Allah. En effet, Il se charge de produire le bien pour lui :

« Sachez alors qu'Allah est votre Maître. Quel excellent Maître et quel excellent Protecteur ! »[1]

« Qu'attendez-vous pour nous, sinon l'une des deux meilleures choses ? »[2]

C'est-à-dire le secours et la victoire ou alors le martyr : les deux sont les meilleures choses.

Tirmidhi rapporte d'après Anas que le Prophète (paix sur lui) a dit :

« Lorsqu'Allah aime un peuple, Il l'éprouve. Celui qui se montre satisfait obtiendra la joie et celui qui se montre insatisfait obtiendra le mécontentement. »[3]

Abu al-Darda a dit : « Allah aime que le serviteur se montre satisfait vis-à-vis d'une chose qu'Il a destinée. ».

Umm al-Darda a dit : « Ceux qui se montrent véritablement satisfaits du destin provenant d'Allah sont ceux qui sont satisfaits peu importe ce qui a été destiné. Le Jour de la Résurrection, ils obtiendront de tels rangs au Paradis qu'ils rendront les martyrs jaloux d'eux. ».

Ibn Mas'ud a dit : « Par Sa Justice et Son Savoir, Allah a placé le soulagement et la joie dans la certitude et le contentement, et l'inquiétude et l'angoisse dans le doute et le mé-

---

1 Sourate 8 : Le Butin, verset 40.

2 Sourate 9 : Le Repentir, verset 52.

3 Rapporté par Al-Tirmidhi. Jugé bon par Al-Albani.

contentement. ». Ces propos ont également été rapportés en tant que *hadith* du Prophète (paix sur lui), mais cela est faible.

'Umar ibn 'Abd Al-'Aziz disait : « Ces invocations ne m'ont laissé aucun besoin supplémentaire, seulement la soumission au décret d'Allah, le Tout-Puissant. ». Il utilisait souvent les mots suivants dans ses invocations : « Ô Allah, rends-moi satisfait de Ta prédestination et bénis-moi dans Ton décret au point que je ne souhaite rien hâter de ce que Tu as retardé et ne rien retarder de ce que Tu as hâté. ».

Ibn 'Awn disait : « Sois satisfait du décret d'Allah dans la facilité et dans la difficulté. Cela diminuera ton angoisse et te servira mieux dans ta poursuite de l'au-delà. Sache que le serviteur n'atteindra jamais la réalité de la satisfaction tant que son contentement en temps de pauvreté et d'épreuve ne sera pas le même que celui en temps de richesse et de facilité. Comment peux-tu te rendre auprès d'Allah pour qu'Il juge tes affaires, puis te montrer mécontent lorsque tu vois que ce qu'Il a destiné n'est pas en accord avec tes désirs ?! Il est fortement possible que, si tes désirs se concrétisaient, tu serais détruit ! Lorsque Sa prédestination est en accord avec tes désirs, tu te montres satisfait. Les deux situations se produisent en raison de ta maigre connaissance de l'invisible. Comment peux-tu Lui confier le Jugement alors que telle est ta condition ?! Tu n'as pas été juste envers toi-même et tu as raté le coche du contentement. ».

Voilà de beaux propos. Leur signification est que lorsque le serviteur se tourne vers Allah, le Tout-Puissant, afin qu'Il l'aide dans une décision (*istikhara*), il doit se montrer satisfait de ce qu'Allah a choisi pour lui, que cela soit conforme à ses désirs ou non. En effet, il ne sait pas où se trouve le bien et Allah, Glorifié soit-Il, ne doit pas être contesté pour Sa prédestination.

C'est pour cette raison que certains Pieux Prédécesseurs, à l'image d'Ibn Mas'ud et d'autres, ordonnaient à celui qui craignait de ne pas être capable de supporter une décision qui s'oppose à ses désirs, d'ajouter les mots « en tout bien » à son *istikhara*, puisqu'Il pourrait choisir de l'éprouver et qu'il ne soit pas capable de le supporter. Cela a également été rapporté du Prophète (paix sur lui), mais de manière faible.

Bakr al-Muzani rapporte qu'un homme faisait fréquemment *al-istikhara* et qu'il fut éprouvé sans être capable de se montrer patient, plongeant au lieu de cela dans le désespoir. Alors Allah révéla à l'un des Prophètes : « Dis à Mon serviteur que s'il manque de détermination, pourquoi ne demande-t-il pas une de Mes décisions [avec les mots] « en tout bien » ? ».

Le *hadith* de Sa'd stipule que le Prophète (paix sur lui) a dit :

« Fait partie du bonheur du serviteur qu'il recherche une décision par Son Seigneur, le Tout-Puissant et qu'il se montre satisfait de ce qu'Il destine. Fait partie du malheur d'un individu qu'il abandonne le fait de chercher à prendre une décision et son mécontentement de ce qu'Il destine. »[1].

Cela est rapporté par Tirmidhi et d'autres.

Il existe de nombreux moyens d'atteindre la satisfaction face au décret :

– Éprouver de la certitude vis-à-vis d'Allah et une confiance ferme dans le fait que tout ce qu'Il décrète pour le croyant sera un bien pour lui. Ainsi, le serviteur sera à l'image

1 Rapporté par Al-Tirmidhi. Jugé faible par Al-Albani.

du patient qui s'est confié aux soins d'un médecin compétent. Un tel patient se satisfera des soins, qu'ils soient douloureux ou non, car il aura pleinement confiance au fait que le médecin n'accomplit que ce qui lui sera bénéfique. C'est ce à quoi faisait allusion Ibn 'Awn dans les propos mentionnés précédemment.

– S'attendre à la récompense qu'Allah a promise en échange du contentement. Le serviteur pourrait même être tellement absorbé par cette pensée qu'il en oublierait toute douleur à laquelle il fait face. Il est rapporté qu'une femme vertueuse des Pieux Prédécesseurs trébucha et brisa l'un de ses ongles. En en rit et dit : « Le délice de Sa récompense m'a fait oublier l'amertume de Sa douleur. ».

3- Plonger dans l'amour de Celui qui envoie les épreuves. Être constamment conscient de Sa Majesté, Sa Beauté, Sa Grandeur et Sa Perfection infinies. La puissance d'une telle prise de conscience conduira le serviteur à s'y submerger au point qu'il ne ressente plus la douleur, de la même manière que les femmes qui ont vu Joseph (paix sur lui) : elles ont oublié la douleur de leurs mains coupées. Il s'agit d'une station spirituelle plus élevée que celles précédemment mentionnées.

Junayd rapporte qu'il a demandé à Sirri si l'amoureux ressentait la douleur de l'épreuve, ce à quoi il a répondu : « Non. » Par ces mots, il fait allusion à cette station spirituelle. C'est à la lumière de ce principe qu'un groupe de ceux qui ont fait face aux épreuves a dit : « Laissons-Le faire ce qu'Il veut de nous. Même s'Il nous découpait, membre par membre, nous ne l'aimerions que plus encore. ».

Il a été dit :

Si l'amour ardent me déchire, membre par membre
La douleur ne fera qu'augmenter mon amour.

Je resterais prisonnier de l'amour
Jusqu'à je meurs dans ma poursuite de ta satisfaction.

Ibrahim ibn Adham quitta ses biens, sa propriété, ses enfants et ses serviteurs. Alors qu'il faisait le *tawaf*, il aperçut son fils, mais il ne lui adressa pas la parole. Il dit :

J'ai émigré de toute personne par amour pour Toi.
J'ai endeuillé ceux qui sont à ma charge afin que je puisse Te voir
Si Tu déchires mes membres, par amour
Mon cœur aspirera encore à Toi.

Des amoureux tels que Fudayl et Fath al-Mawsili pleuraient de joie lorsqu'ils s'endormaient sans repas du soir et sans lampe allumée.

Durant les nuits d'hiver, Fath réunissait les membres de sa famille et les recouvrait de son manteau en disant : « Tu m'as affamé, alors j'ai affamé ma famille. Tu as fait de moi un étranger, alors j'ai fait de ma famille des étrangers. Tu fais cela avec tes bien-aimés et Tes amis, suis-je l'un d'entre eux ? Dois-je exulter de joie ? ».

Des gens ont visité un Pieux Prédécesseur qui était malade. Ils lui demandèrent : « Désires-tu quelque chose ? ». Il répondit : « Ce qui me satisfait le plus est tout ce qu'Il trouve satisfaisant. ».

Il a été dit à ce sujet :

Pour Ta satisfaction, son châtiment est sucré
Pour Ta satisfaction, son éloignement est rapprochement
Tu es aussi cher que mon âme,
Ou plutôt, Tu m'es encore plus cher !
Il m'est suffisant dans mon amour,

Que j'aime seulement ce que Tu aimes.

Abu al-Turab a composé les vers suivants :

Ne sois pas trompé, l'amoureux se distingue par des signes
Il détient des voies vers les cadeaux de son Aimé
Prenant plaisir dans l'amertume de Son épreuve
Sa retenue est un présent accepté
La pauvreté est honneur et la générosité, passagère.

Un homme dont le fils est tombé martyr en *jihad* pleurait en disant : « Je ne pleure pas sa perte, je pleure seulement en pensant à quel était son état de satisfaction vis-à-vis d'Allah lorsque les épées se sont frappées ! ».

Il a été dit :

Si les gens de Ghada me veulent mort, qu'il en soit ainsi
Par Allah, je n'ai jamais rechigné à répondre
Aux souhaits du bien-aimé !
Je suis à l'image d'un esclave : je ne peux contester.

Ce qu'il faut souligner ici est que le Prophète (paix sur lui) a enjoint Ibn 'Abbas à œuvrer tout en étant en état de contentement s'il le pouvait. S'il n'en était pas capable, il a dit :

« Si tu en es incapable, sache qu'un grand bien repose dans le fait de supporter avec patience ce que tu détestes. ».

Cela prouve donc que se satisfaire des décrets qui sont difficiles à supporter n'est pas une obligation, mais plutôt une recommandation, un état d'excellence.

Celui qui est incapable d'être satisfait doit alors se montrer patient. La patience est obligatoire. Elle doit être présente. Elle renferme un bien immense. Allah, le Très-Haut, a ordonné la patience et a promis une grande récompense pour elle :

« Les endurants auront leur pleine récompense sans compter. »[1]

« Très certainement, Nous vous éprouverons par un peu de peur, de faim et de diminution de biens, de personnes et de fruits. Et fais la bonne annonce aux endurants, qui disent, quand un malheur les atteint : « Certes nous sommes à Allah, et c'est à Lui que nous retournerons. Ceux-là reçoivent des bénédictions de leur Seigneur, ainsi que la miséricorde ; et ceux-là sont les biens guidés. »[2]

« Et fais bonne annonce à ceux qui s'humilient, ceux dont les cœurs frémissent quand le nom d'Allah est mentionné, ceux qui endurent ce qui les atteint et ceux qui accomplissent la prière et dépensent de ce que Nous leur avons attribué. »[3]

Al-Hasan a dit : « L'état du contentement est rare, mais la patience est l'issue du croyant. ».

Soulayman al-Khawas a dit : « La station de la patience est inférieure à celle du contentement. Le contentement consiste en ce qu'une personne, avant l'apparition de l'épreuve, se montre satisfaite, que l'épreuve apparaisse ou non. La patience consiste à ce qu'une personne, après l'apparition de l'épreuve, la supporte avec persévérance. ».

La différence entre la patience et le contentement ré-

---

1 Sourate 39 : Les Groupes, verset 10.

2 Sourate 2 : La Vache : versets 155 à 157.

3 Sourate 22 : Le Pèlerinage, versets 34-35.

side dans le fait que la patience consiste à contenir l'âme et l'empêcher de se montrer mécontente, tout cela alors qu'on ressent de l'inconfort et de la douleur.

Le contentement nécessite que le cœur accepte facilement ce à quoi il fait face. Même s'il vient à ressentir de la douleur, le sentiment de satisfaction l'amoindrira, voire la fera disparaître complètement. Cela, car le cœur aura ressenti le souffle apaisant de la certitude et de la connaissance.

C'est pourquoi un large groupe de Pieux Prédécesseurs tels que 'Umar ibn 'Abd Al-'Aziz, Abu Soulayman et Ibn al-Mubarak disait : « La personne satisfaite ne désire aucun autre état dans lequel elle se trouve contrairement à celui qui patiente. ». Cette façon d'être a été rapportée d'un groupe de Compagnons parmi lesquels se trouvent 'Umar et Ibn Mas'ud.

'Abd Al-'Aziz ibn Abu Ruwwad a dit : « Parmi les Enfants d'Israël se trouvait un dévot. Il fit un rêve dans lequel on lui disait que telle femme serait son épouse au Paradis. Il se rendit donc chez elle en tant qu'invité pendant trois nuits pour observer ce qu'elle faisait. Elle dormait alors qu'il priait la nuit et elle mangeait alors qu'il jeûnait. Lorsqu'il s'apprêta à la quitter, il lui demanda quelle était la plus grande œuvre qu'elle pensait avoir accomplie.

Elle répondit : « Je ne fais rien de plus que ce que tu as vu, mais j'ai une qualité : lorsque je traverse une période éprouvante, je ne désire pas me trouver en période de confort. Si je suis malade, je ne souhaite pas être en bonne santé. Si j'ai faim, je ne souhaite pas être rassasiée. Si je me trouve au soleil, je ne souhaite pas me trouver à l'ombre. ».

Il dit : « Par Allah, c'est une qualité qui est hors de portée des serviteurs ! ».

La patience doit être affichée à l'apparition de l'épreuve,

comme cela est authentiquement rapporté du Prophète (paix sur lui). Le contentement est affiché après l'apparition de l'épreuve, comme le Prophète (paix sur lui) l'a dit dans son invocation :

« Je Te demande le contentement après le décret. »[1].

Cela, car il se pourrait que le serviteur se résolve à se montrer satisfait du décret avant qu'il ne se produise, puis que sa résolution se dissipe lorsqu'il y fait face. Celui qui se montre satisfait après que le décret soit tombé est celui qui affiche le véritable contentement.

Ainsi, pour résumer, la patience est obligatoire et doit nécessairement être présente. Au-delà de la patience se trouvent l'insatisfaction et le mécontentement. Or, celui qui est insatisfait du décret d'Allah ne récoltera que le mécontentement. De plus, la douleur à laquelle il fera face et la malice de ses ennemis seront bien plus grandes que son désespoir, tout comme il a été dit :

Ne désespère pas face à chaque problème qui se présente
Ne laisse pas la malice de l'ennemi se libérer
Ô Gens, par la patience, vous apercevrez vos espoirs
Lorsque vous rencontrez l'armée ennemie, soyez fermes !

Le Prophète (paix sur lui) a dit :

« Celui qui s'éduque à la patience, Allah lui octroiera la patience. Allah n'a pas donné de cadeau meilleur et plus large que la patience. »[2]

'Umar a dit : « Les meilleurs moments de nos vies ont été

1 Rapporté par Ahmad. Authentifié par Al-Albani.
2 Rapporté par Al-Boukhari & Muslim.

ceux accompagnés de patience. ».

'Ali a dit : « La patience par rapport à la foi est à l'image de la tête par rapport au corps : la personne sans patience n'a pas de foi. ».

Al-Hasan a dit : « La patience est l'un des trésors du Paradis. Allah ne la confère qu'à ceux qu'Il anoblit. ».

Maymun ibn Mihran a dit : « Aucun Prophète ni personne d'autres n'a atteint le bien sans que ce soit par la patience. ».

Ibrahim al-Taymi a dit : « Allah ne fait pas don à un serviteur de la patience face aux maux, face aux épreuves et face aux calamités sans qu'Il lui ait conféré le meilleur don après la foi en Allah, le Tout-Puissant, le Très-Haut. ».

Il a tiré cela de la Parole d'Allah, le Très-Haut :

« Mais la bonté pieuse est de croire en Allah, au Jour dernier, aux Anges, au Livre et aux prophètes, de donner de son bien, quelque amour qu'on en ait, aux proches, aux orphelins, aux nécessiteux, aux voyageurs indigents et à ceux qui demandent l'aide et pour délier les jougs, d'accomplir la prière et d'acquitter la Zakât. Et ceux qui remplissent leurs engagements lorsqu'ils se sont engagés, ceux qui sont endurants dans la misère, la maladie et quand les combats font rage, les voilà les véridiques et les voilà les vrais pieux ! »[1]

'Umar ibn 'Abd Al-'Aziz a dit : « Allah ne retire pas un bienfait qu'il a donné à un individu, laissant la patience à sa place, sans qu'Il le remplace par quelque chose de meilleur. ».

---

1 Sourate 2 : La Vache, verset 177.

Puis, il récita :

« Les endurants auront leur pleine récompense sans compter. »[1]

Parmi les pieux se trouvait un homme qui gardait un morceau de papier dans sa poche. Toutes les heures, il le regardait et le lisait. Il était écrit :

« Et supporte patiemment la décision de ton Seigneur. Car en vérité, tu es sous Nos yeux. »[2]

La belle patience consiste à ce que le serviteur garde l'épreuve pour lui-même et n'en parle à personne. Allah, le Très-Haut, a dit :

« Oh ! belle patience »[3]

Dans l'exégèse de ce verset, un groupe de Pieux Prédécesseur a expliqué que cela faisait référence à la patience qui n'était accompagnée d'aucune forme de plainte.

Ahnaf ibn Qays fut aveugle pendant quarante ans sans qu'il en parle à quiconque.

'Abd Al-'Aziz ibn Abu Ruwwad fut aveugle d'un œil pendant vingt ans. Un jour, son fils l'observa attentivement et dit : « Père, l'un de tes yeux est aveugle ! ». Il répondit : « Oui mon fils, durant les vingt dernières années j'ai été satisfait d'Allah. ».

L'Imam Ahmad ne se plaignait jamais à quiconque des

1 Sourate 39 : Les Groupes, verset 10.
2 Sourate 52 : Le Mont Tur, verset 48.
3 Sourate 12 : Jospeh, verset 83.

maladies qui le touchaient. On l'avait informé que Mujahid détestait se plaindre quand il était malade. Alors, il décida de cesser cela et ne le refit plus jamais jusqu'à sa mort. Il exhortait son âme en disant : « Soit patiente ou tu le regretteras ! ».

Un gnostique visita un malade qui disait : « Ah ! Ah ! ». Il lui demanda « De qui [te plains-tu] ? ».

Il a été dit :

L'âme est rongée par la maladie
Mais elle la cache des visiteurs
L'âme n'a pas été juste quand elle s'est plainte
De ses désirs à un autre que son bien-aimé

Yahya ibn Mu'adh a dit : « Si tu aimes ton Seigneur et qu'Il décrète la faim et le dénuement pour toi, il t'est obligatoire de le supporter et de le cacher aux créatures. L'amoureux supporte patiemment le mal de son bien-aimé, alors pourquoi tu te plaindrais à elles pour quelque chose qu'elles ne t'ont pas fait ? ».

Il a été dit :

À mes yeux, les actes accomplis par
autre que Toi sont détestables
Tu accomplis des actes et ils sont
Venant de Toi, magnifiques.

Le Messager d'Allah (paix sur lui) et ses Compagnons attachaient des pierres à leurs ventres pour lutter contre la faim qu'ils enduraient.[1]

Uwais ramassait des os cassés dans les ordures au milieu

1 Rapporté par Al-Boukhari.

des chiens qui tentaient de faire comme lui. Un jour, un chien aboya vers lui. Il dit : « Ne fais pas de mal à celui qui ne t'en fait pas, mange ce qui est proche de toi et je mangerai ce qui est proche de moi. Si j'entre au Paradis, je serais meilleur que toi. Si j'entre en Enfer, tu seras meilleur que moi. ».

Ibrahim ibn Adham ramassait des épis de blé au milieu des pauvres. Voyant que ces derniers n'appréciaient pas qu'il les concurrence dans cette récolte, il se mit à penser : « J'ai quitté mes biens à Balkh pour concurrencer les pauvres dans la collecte d'épis ? ». Après cela, il ne ramassa plus que les épis au milieu des animaux qui pâturaient à cet endroit.

L'Imam Ahmad ramassait également des épis en compagnie des pauvres.

Sufyan al-Thawri fut employé à prendre soin de deux chameaux alors qu'il voyageait vers La Mecque. Il cuisina pour quelques individus et ce fut tellement mauvais qu'ils le frappèrent en raison de cela.

Fath al-Mawsili allumait du feu pour les gens en échange d'un salaire.

Il a été dit :

Pour Toi, J'ai laissé la terre
Au malicieux, à l'envieux.
Maître, combien de temps vais-je demeurer dans Ta bonne grâce ?
Ma vie défile, mon besoin n'est pas rempli.

Un autre a dit :

Combien ai-je été soumis et ai-je travaillé
À la poursuite de Ta grâce

Combien ai-je été patient pour Toi
Face à la maladie et la faiblesse
Ne m'abandonne pas
Sans Toi, je suis incapable de tout
Si Tu désires un salaire
Prends mon âme
Pour Te satisfaire
Un amour ardent est né en moi
Mon cœur est épris d'amour
Mes larmes m'étouffent
Mon amour pour Toi
Rends facile tout ce que je supporte
On ne savoure pas les bienfaits
Sans avoir connu l'épreuve.

À leurs yeux, les épreuves de ce monde étaient des bienfaits. L'un d'eux a dit : « Le vrai savant est celui qui considère les épreuves comme un bienfait et le confort comme un malheur. ».

Il a été mentionné dans un texte judéo-chrétien :

« Si tu vois un riche approcher, dis : « Voilà un péché dont le châtiment a été hâté ! ».

Si tu vois un pauvre approcher, dis : « Voilà le signe de la vertu, bienvenue ! » ».

L'un des Pieux Prédécesseurs a dit : « Lorsque je suis éprouvé par un malheur, je loue Allah quatre fois. Je loue Allah pour m'avoir épargné pire, pour m'avoir donné la capacité de le supporter avec patience, pour m'avoir permis de dire : « À Allah nous appartenons et à Lui nous retournons. » et pour ne pas m'avoir éprouvé dans ma religion. ».

Chercher le soulagement dans la patience est un acte d'adoration, car l'épreuve n'est jamais éternelle.

Il a été dit :

Supporte patiemment chaque épreuve, courage
Sache que le malheur n'est jamais éternel.
Sois patient, tout comme les nobles le furent
Il ne s'agit que d'un moment éphémère, présent aujourd'hui, disparu demain.

Si la plus éprouvée des personnes était plongée ne serait-ce qu'une fois dans les délices du Paradis, et qu'on lui demandait : « As-tu déjà connu le malheur ? As-tu déjà rencontré l'épreuve ? ». Il répondrait : « Non mon Seigneur ! »[1].

Il a été dit :

Ô âme, patiente seulement quelques jours
Le temps de quelques rêves fugaces
Ô âme, traverse ce monde avec hâte
Détourne-toi de lui, la vraie vie est à venir !

Il a été dit également :

Il ne s'agit que d'une heure, puis nous partirons
Tout cela s'en ira, tout cela disparaîtra.

1 Comme cela est mentionné dans le *hadith* rapporté par Muslim.

Chapitre 10 : Patience et Victoire

Le Messager d'Allah (paix sur lui) a dit (dans son conseil à Ibn 'Abbas) :

« La victoire vient avec la patience »

Cette parole est en total accord avec la Parole d'Allah, le Très-Haut :

« Ô vous qui croyez ! Lorsque vous rencontrez une troupe (ennemie), soyez fermes, et invoquez beaucoup Allah afin de réussir. »[1]

« S'il se trouve parmi vous vingt endurants, ils vaincront deux cents ; et s'il s'en trouve cent, ils vaincront mille mécréants, car ce sont vraiment des gens qui ne comprennent pas. »[2]

Il a dit, au sujet de l'histoire de Tâlut :

« Puis, au moment de partir avec les troupes, Tâlût dit : « Voici : Allah va vous éprouver par une rivière : quiconque y boira ne sera plus des miens ; et quiconque n'y goûtera pas sera des miens ; - passe pour celui qui y puisera un coup dans le creux de sa main. » Ils en burent, sauf un petit nombre d'entre eux. Puis, lorsqu'ils l'eurent

1 Sourate 8 : Le Butin, verset 45.

2 Sourate 8 : Le Butin, verset 65.

traversée, lui et ceux des croyants qui l'accompagnaient dirent : « Nous voilà sans force aujourd'hui contre Goliath et ses troupes ! » Ceux qui étaient convaincus qu›ils auraient à rencontrer Allah dirent : « Combien de fois une troupe peu nombreuse a, par la grâce d'Allah, vaincu une troupe très nombreuse ! Et Allah est avec les endurants ». »[1]

Allah, le Très-Haut, a dit :

« **« Mais oui ! Si vous êtes endurants et pieux, et qu'ils [les ennemis] vous assaillent immédiatement, votre Seigneur vous enverra en renfort cinq mille Anges marqués distinctement. »**[2] »

De nombreux autres versets et *ahadiths* au sujet de la patience face à l'ennemi existent.

'Umar demanda aux doyens de Banu 'Abasa : « Avec quel outil combattez-vous vos adversaires ? ».
Ils répondirent : « Avec la patience. Nous n'avons jamais affronté des opposants sans que nous soyons patients et endurants tout comme ils étaient patients et endurants. ».

L'un des Pieux Prédécesseurs a dit : « Chacun d'entre nous déteste la mort, ainsi que la douleur de la blessure. Cependant, nous atteignons des degrés variés à travers la patience. ».

Battal fut interrogé au sujet du courage. Il répondit : « C'est de patienter le temps d'une heure. ».

Tout cela fait référence au combat contre l'ennemi exté-

1 Sourate 2 : La Vache, verset 249.
2 Sourate 3 : La Famille de 'Imran, verset 125.

rieur : le combat contre les mécréants. Néanmoins, la même chose s'applique au combat contre l'ennemi intérieur : l'âme et les désirs vils. D'ailleurs, ce combat constitue la plus grande forme de *jihad*.

Le Prophète (paix sur lui) a dit :

« Le combattant est celui qui combat son âme pour Allah. ».[1]

'Abdullah ibn 'Amr répondit à une personne qui l'interrogeait au sujet du *jihad* en disant : « Débute par ton âme et lutte contre elle. Débute par ton âme et entame une bataille contre elle ! ».

Il est rapporté, d'après Jabir, selon une chaîne de transmission faible, que le Prophète (paix sur lui) a dit à des gens qui revenaient du combat :

« Vous êtes revenus du petit *jihad* vers le grand ***jihad***. ».

On lui demanda : « Quel est le grand jihad ? ».

Il répondit : « La lutte du serviteur contre ses vils désirs. »[2]

Lorsque Abu Bakr al-Siddiq nomma 'Umar en tant que Calife, il le conseilla en ces termes : « La première chose contre laquelle tu dois prendre garde est ton âme à l'intérieur de toi. ».

Il est rapporté dans le *hadith* de Sa'd ibn Sina, d'après Anas, dans un *hadith mursal* de Malik al-Ashja'i, que le Pro-

---

1 Rapporté par Al-Tirmidhi. Authentifié par Al-Albani.

2 Rapporté par Al-Bayhaqi. Jugé *munkar* par Al-Albani.

phète (paix sur lui) a dit :

« Ton ennemi n'est pas celui qui, s'il te tue, garantit ton entrée au Paradis, ou si tu le tues, il sera une lumière pour toi. Ton pire ennemi est ton âme à l'intérieur de toi. »[1].

Le poète 'Abbas ibn al-Ahnaf a réuni ces significations dans un poème :

Mon cœur m'appelle à ce qui me nuira
Augmentera mon chagrin et ma douleur
Comment puis-je me protéger de mon ennemi
Lorsque cet ennemi réside en moi ?

Ce *jihad* nécessite également de la patience. Celui qui combat avec endurance contre son âme, ses désirs et son diable, atteindra la victoire.

En revanche, celui qui désespère et abandonne la patience sera vaincu, défait et emprisonné. Il deviendra soumis et vicieux, emprisonné par son diable et ses désirs.

Il a été dit :

Celui qui ne défait pas ses désirs
Rendra noble l'ignoble.

Un autre a dit :

Peut-être qu'un étranger est emprisonné par les désirs,
Pourtant, face à la patience, ils se dissipent.
Celui qui est sujet aux désirs est un esclave,
Mais s'il les domine, il est un roi !

---

1 Rapporté par Tabarani. Jugé faible par Al-Albani.

Ibn al-Mubarak a dit : « Celui qui se montre patient finira par trouver peu de choses qui requièrent de la patience. Celui qui désespère ne trouvera que peu de choses qui lui apportent du plaisir. ».

Bukhari et Muslim rapportent que le Prophète (paix sur lui) a dit :

« L'homme fort n'est pas celui qui est fort en lutte, mais c'est celui qui se maîtrise sous l'emprise de la colère. »[1]

On a décrit Ahnaf ibn Qays par les mots suivants : « Il avait une complète maîtrise de lui-même lorsqu'il se mettait en colère. ».

Une personne a dit : « Untel peut marcher sur l'eau. ».
Il répondit : « Celui à qui Allah octroie la capacité de s'opposer à ses désirs est plus impressionnant que celui qui peut marcher sur l'eau. ».

Sache que ton âme est à l'image d'un animal. Si elle sait que tu es ferme et résolu, elle ne faiblira pas. En revanche, si elle sait que tu es paresseux et hésitant, elle en tirera avantage, courra après ce qu'elle cherche et poursuivra ses désirs.

Abu Sulayman al-Darani disait : « Alors que je me trouvais en Iraq, j'étais en charge des palais, de la vaisselle, des vêtements et de la nourriture des princes. Mon âme ne voulait rien de cela. Puis, j'ai été en charge des dattes et mon âme a failli pencher vers elles. ».

Cette histoire a été mentionnée à un gnostique qui a dit : « Il n'avait aucun espoir d'atteindre les choses qu'il a citées

1 Rapporté par Al-Boukhari & Muslim.

en premier lieu. Donc, sa convoitise ne les a pas pourchassées. En revanche, il désirait ce qu'il a cité ensuite. Alors sa convoitise a couru après. ».

Il a été dit :

J'ai patiemment évité les délices
Jusqu'à ce qu'ils disparaissent.
J'ai forcé mon âme à renoncer à eux,
Ils sont demeurés absents.
L'âme se dirige vers
La direction que l'individu prend.
Si elle décèle une opportunité
Elle la convoite, sinon elle ne bouge pas
Plusieurs fois par jour, mon âme
Pris de l'ascendance.
Puis, quand elle vit ma résolution
Elle s'est soumise à l'humilité.

Ainsi, sa parole (paix sur lui) :

« La victoire vient avec la patience »

Englobe la patience et l'endurance dans la lutte à la fois contre les ennemis extérieurs et intérieurs.

Les Pieux Prédécesseurs considéraient que lutter patiemment contre l'âme et les désirs est meilleur que la patience face aux épreuves.

Maymun ibn Mihran a dit : « La patience est de deux catégories : la patience face à l'épreuve, elle est un bien, et la patience dans le fait d'éviter les péchés, elle est meilleure. ».

Sa'id ibn Jubayr a dit : « La patience est de deux types. La meilleure forme de patience consiste à éviter ce qu'Allah a interdit et à accomplir ce qu'Il a rendu obligatoire. [Le second type de] patience est celle face aux épreuves. ».

Un *hadith* qui a le même sens a été rapporté du Prophète (paix sur lui) d'après 'Ali, mais il n'est pas authentique.

Chapitre 11 : Le soulagement après la détresse

Le Messager d'Allah (paix sur lui) a dit :

« **le soulagement vient après la détresse** »

Cela est prouvé par la Parole d'Allah, le Très-Haut :

« **Et c'est Lui qui fait descendre la pluie après qu'on en a désespéré, et répand Sa miséricorde. Et c'est Lui le Maître, le Digne de louanges.** »[1]

« **Allah, c'est Lui qui envoie les vents qui soulèvent des nuages ; puis Il les étend dans le ciel comme Il veut ; et Il les met en morceaux. Tu vois alors la pluie sortir de leurs profondeurs. Puis, lorsqu'Il atteint avec elle qui Il veut parmi Ses serviteurs, les voilà qui se réjouissent, même s'ils étaient auparavant, avant qu'on ne l'ait fait descendre sur eux, désespérés.** »[2]

Dans un *hadith* rapporté par Abu Razin al-'Uqayli, le Prophète (paix sur lui) a dit :

« **Notre Seigneur rit face au désespoir de Son serviteur alors qu'Il s'apprête à changer sa situation.** »[3].
Rapporté par l'Imam Ahmad. Son fils, 'Abdullah, rap-

1 Sourate 42 : La Consultation, verset 28.

2 Sourate 30 : Les Romains, versets 48-49.

3 Rapporté par Ahmad. Jugé bon par Al-Albani.

porte également un long *hadith* d'après Abu Razin, selon lequel le Prophète (paix sur lui) a dit :

« Le jour où Il s'apprête à envoyer la pluie, Allah sait qu'Il vous verra en état de désespoir. Il rira sachant que le changement qu'Il va apporter est imminent. »[1]

Le sens de cela est qu'Allah, Glorifié soit-Il, s'étonne du découragement de Ses serviteurs, de leur peur, de leur appréhension et de leur désespoir en Sa Miséricorde, alors qu'Il a décrété que leur situation allait bientôt changer, sans qu'ils en soient conscients et que la pluie s'apprête à tomber.

Alors que le Prophète (paix sur lui) se tenait debout, délivrant le sermon du Vendredi, un homme s'est approché de lui pour se plaindre de la sécheresse et de la situation difficile dans laquelle tout le monde se trouvait. Le Prophète (paix sur lui) leva ses mains et invoqua pour la pluie. C'est alors que des nuages pluvieux se réunirent et qu'il plut sans cesse jusqu'au Vendredi suivant. Ils lui demandèrent alors d'invoquer pour que la pluie cesse. C'est ce qu'il fit et le ciel s'éclaircit.[2]

Dans Son Livre, Allah a relaté de nombreux récits traitant du soulagement après la détresse et la difficulté. Il nous a raconté la façon dont Il a secouru de la « **grande angoisse** »[3] Noé (paix sur lui) et ceux avec lui sur l'arche, alors que les gens restés sur la terre ferme furent tous noyés.

Il nous a informés de la façon dont Il a sauvé Abraham (paix sur lui) du feu allumé par les polythéistes et de comment Il l'en a fait une « **fraîcheur salutaire** »[4] pour lui.

---

1 Rapporté par Ahmad. La chaîne de transmission est faible selon Al-Albani.

2 Rapporté par Al-Boukhari & Muslim.

3 Sourate 21 : Les Prophètes, verset 76.

4 Sourate 21 : Les Prophète, verset 69.

Il nous a également narré le moment où Il a ordonné à Abraham de sacrifier son fils, puis comment Il l'a, au dernier moment, remplacé par la rançon d'une « **immolation généreuse** »[1].

Il nous a raconté l'histoire de Moïse et de sa mère qui l'a placé dans la rivière, puis la façon dont, par conséquent, il a été trouvé par la famille de Pharaon.

Il nous a informés de l'histoire de Moïse et de Pharaon, la manière dont Il sauva Moïse et noya son ennemi.

Il nous a narré les histoires de Job, Jonas, Jacob, Joseph, ainsi que celle du peuple de Jonas lorsqu'ils ont cru.

Il nous a parlé de nombreux évènements de la vie de Muhammad (paix sur lui). Les moments où Il l'a secouru et l'a sauvé comme lorsqu'il se trouvait dans la grotte, lors de la Bataille de Badr, lors de la Bataille de Uhud ou encore lors de la Bataille de Hunayn.

Il a nous a raconté l'histoire de 'Aishah lorsqu'elle fut accusée à tort, ainsi que la façon dont Il l'a blanchie de cette accusation.

Il nous a narré l'histoire des trois :

« **Et [Il accueillit le repentir] des trois qui étaient restés à l'arrière si bien que, toute vaste qu'elle fût, la terre leur paraissait exiguë ; ils se sentaient à l'étroit, dans leur propre personne et ils pensaient qu'il n'y avait d'autre refuge d'Allah qu'auprès de Lui. Puis Il agréa leur repentir pour qu'ils reviennent [à Lui], car Allah est l'accueillant**

1 Sourate 37 : Les Rangés, verset 107.

au repentir, le Miséricordieux. »[1]

La *Sounnah* mentionne de nombreux évènements, à l'exemple du récit des trois qui furent coincés dans la caverne par un rocher. Ils invoquèrent Allah, mentionnant leurs bonnes actions, et Il les libéra[2].

De même, on peut citer l'histoire d'Abraham et de Sarah, lorsque le tyran la convoitait, mais qu'Allah fit échouer ses plans[3].

Les évènements de ce type qui ont touché les Musulmans et ceux avant l'Islam sont trop nombreux pour être mentionnés. Plusieurs d'entre eux sont collectés dans des livres tels que *Al-Faraj ba'd al-Shiddah* et *Mujabi al-Du'a* d'Ibn Abi al-Dunya, *Al-Mustaghithin billah wa Al-Mustasrikhina bihi* ainsi que dans les livres traitant des miracles des *Awliyas*, les biographies des vertueux et les ouvrages sd'histoires.

Un savant, qui je pense venait du Maroc, mentionna dans un de ses livres qu'il entendit Abu Dharr al-Harawi, le Hafidh, raconter que, alors qu'il se trouvait à Bagdad, en train de faire la lecture à Abu Hafs ibn Shahin, dans une boutique de parfum, il vit un homme s'approcher du marchand. L'homme donna dix dirhams en échange de ce dont il avait besoin. Il plaça ses objets dans un bocal qu'il posa ensuite sur sa tête. L'homme glissa, son bocal tomba puis se brisa. Tous les objets qui s'y trouvaient furent cassés. Il se mit alors à pleurer abondamment en disant : « J'ai perdu, dans une caravane, un chameau qui portait quatre-cents — ou il a dit quatre-mille — dinars accompagnés de pierres précieuses qui valaient plus encore. Cependant, je ne m'attriste pas de leur

1 Sourate 9 : Le Repentir, verset 118.
2 Rapporté par Al-Boukhari & Muslim.
3 Rapporté par Al-Boukhari & Muslim.

perte. En revanche, mon fils vient juste de naître et il nous faut ces objets dont une femme a besoin après avoir accouché. Or, ces dix dirhams sont tout ce que je possède. Ainsi, lorsque ce qui a été décrété s'est produit, je suis tombé dans la détresse. Je n'ai rien à leur donner ce soir et je n'ai pas de travail qui me permettra demain d'apporter quelque chose à la maison. La seule chose à laquelle je peux penser est de m'enfuir et de les laisser mourir en paix. ».

Abu Dharr dit : « Un doyen de la tribu d'al-Jund, assis au seuil de sa maison, entendit l'histoire et demanda la permission à Abu Hafs d'entrer chez lui accompagné de ses compagnons, alors que l'homme affligé était encore avec lui. La permission d'entrée fut donnée. Le doyen demanda à l'homme de répéter son histoire et lui demanda qui se trouvait dans la caravane dont il avait parlé et où il avait perdu un chameau.

L'homme répondit et on lui demanda : « Si tu la voyais, la reconnaitrais-tu ? ».

L'homme répondit : « Oui. »

On lui apporta un chameau et lorsqu'il le vit il dit : « C'est celui-ci ! », puis il décrivit les pierres précieuses qu'il transportait.

Lorsqu'on ouvra les bagages accrochés aux chameaux, les pierres précieuses furent découvertes. Alors, le doyen lui rendit et l'homme redevint riche à nouveau. Lorsque l'homme s'en alla, le doyen Jundi pleura. On lui demanda pourquoi.

Il répondit : « Le seul souhait qu'il me restait en ce bas monde fut qu'Allah m'apporte le propriétaire de ces biens afin qu'il les récupère. Maintenant qu'Allah a exaucé mon souhait par Sa grâce, je n'ai plus aucun désir à remplir, donc je sais que le temps de ma mort est proche. ».

Abu Dharr ajouta : « Il mourut moins d'un mois plus tard et nous avons prié sur lui, qu'Allah lui fasse miséricorde. ».

Le même auteur rapporte, d'après quelqu'un de Mawsul, que se trouvait là-bas un marchand qui voyageait dans différentes contrées pour son commerce. Il voyagea un jour vers

Koufah avec toute sa marchandise et tout ce qu'il possédait. Durant son voyage, il rencontra un individu qui lui rendit de bons services. Ils devinrent rapidement amis et le marchand plaça en lui toute sa confiance.

Plus tard, alors qu'ils avaient fait halte à une aire de repos, l'individu tira avantage de lui et vola tous ses biens et ses provisions, ne le laissant avec absolument rien. Le marchand partit à sa recherche, sans relâche, mais fut incapable de le trouver. Étant à pied et affamé, il retourna chez lui. Il entra dans sa ville de nuit et frappa à sa porte. Lorsque les membres de sa famille apprirent que c'était lui, ils se réjouirent et louèrent Allah pour son retour en disant : « Ta femme vient juste de donner naissance à ton fils et nous n'avons pas d'argent pour acheter ce dont une femme qui vient d'accoucher a besoin. Ce soir, nous avons très faim. Achète-nous donc de la farine et de l'huile pour les lampes. ». Lorsqu'il entendit cela, le malheur et la détresse du marchand s'intensifièrent. Ne voulant pas leur raconter ce qui s'était passé, il se rendit à une boutique proche, salua le propriétaire et prit l'huile ainsi que tout ce dont il avait besoin.

Puis, alors qu'il discutait avec lui, il vit ses sacs par terre, dans la boutique. Il demanda au propriétaire comment ils étaient arrivés ici. Celui-ci répondit : « Un homme m'a acheté de la nourriture et m'a demandé le gîte. J'ai mis ses sacs dans ma boutique et j'ai attaché sa bête chez mon voisin. L'homme dort dans la mosquée. ». Prenant son sac avec lui, le marchand se rendit à la mosquée où il trouva l'individu endormi. Il le frappa et le réveilla en sursaut. « Voleur ! Traître ! Où se trouvent mes biens ? » cria-t-il.

L'individu répondit : « Il s'agit de ce sac que tu tiens autour de ton cou. ». Lorsque le marchand examina ce qui s'y trouvait, il s'aperçut qu'il ne manquait rien du tout. Il retrouva ensuite sa monture, dépensa généreusement pour sa famille et leur raconta ce qui s'était passé.

Une histoire similaire a été relatée par Tinnawkani, dans *al-Faraj ba'd al-Shiddah*. C'est une longue histoire, mais en voici le résumé.

À l'époque d'al-Rashid vivait un marchand de change qui avait acheté une esclave pour cinq-cents dinars. Il tomba profondément amoureux d'elle. Comme il voulait passer tout son temps avec elle, son commerce en souffrit énormément. Il dépensa tout son capital et il ne lui resta plus rien. L'esclave tomba enceinte. Il vida alors sa maison et vendit tout ce qui s'y trouvait, sans rien laisser. C'est alors que l'esclave sentit l'accouchement débuter et lui demanda d'acheter ce dont elle avait besoin pour accoucher, lui disant qu'elle risquait de mourir s'il ne se dépêchait pas. Il quitta immédiatement sa maison en pleurs, résolu à se noyer dans le Tigre. Il fut sur le point de sauter lorsque la crainte d'Allah le frappa et le stoppa.

Il décida alors de voyager à pied de ville en ville jusqu'à atteindre le Khorassan. Il s'y arrêta et trouva un travail. Il envoya soixante-six lettres chez lui, demandant des nouvelles de son esclave, mais il ne reçut aucune réponse. Il en déduit alors qu'elle avait rendu l'âme.

Plusieurs années plus tard, il décida de retourner à Bagdad avec ses biens d'une valeur de vingt-mille dinars. La caravane fut attaquée par des bandits de grand chemin. Ils lui volèrent tout ce qu'il avait, le laissant à nouveau pauvre et dans le besoin. Il continua son voyage jusqu'à atteindre Bagdad dans le même état que lorsqu'il était parti, trente ans auparavant. Il se rendit chez lui et trouva que sa maison était en excellent état, avec une belle entrée où se trouvaient des gardiens, des domestiques et des mules. Il demanda qui vivait dans la maison et on l'informa qu'elle appartenait à un marchand de change. Le nom qu'on lui donna fut le sien. On l'informa que la mère fut mère nourricière du fils du Commandeur des Croyants et que le propriétaire de la maison était en charge du Trésor Public. La personne que l'homme interrogea ajouta que son père lui avait dit que le père de ce marchand de change était également un riche marchand de change par le passé avant qu'il ne soit touché par la pauvreté, puis qu'il parte à la recherche de ce dont sa mère avait besoin alors qu'elle accouchait, se perde et mourut. Sa mère implora l'aide de voisins qui la secoururent.

Puis, le Commandeur des Croyants eut un fils, Ma'mun. Celui-ci n'acceptait le lait d'aucune nourricière en dehors d'elle. Ainsi, alors qu'elle était à son service, elle obtint un rang respecté et honoré dans cette famille. Puis, lorsque Ma'mun devint Calife, il garda la femme et son fils avec lui. Le fils bâtit la maison actuelle.

Le fils marchand de change arriva alors avec un groupe de gens et entra dans sa maison. L'homme entra également. Le fils répondit à leurs besoins, puis ils s'en allèrent, laissant l'homme seul. Le jeune homme demanda : « Vieil homme, de quoi as-tu besoin ? ». Il répondit : « Je suis ton père. ». Son visage devint pâle et il se leva d'un coup, fit entrer l'homme chez lui et lui donna un siège.

L'homme remarqua que dans la pièce se trouvait un espace caché par un voile. Il dit : « Peut-être que tu devrais demander à une telle si je dis la vérité ? » en mentionnant le nom de sa mère. La mère, qui fut son esclave, entendit sa voix, leva le voile et accourut vers son maître, l'embrassant et pleurant. Il les informa de son histoire. Ils l'emmenèrent à al-Ma'mun qui lui confia le poste de son fils et donna à son fils une promotion au rang supérieur.

Ibn Abi al-Dunya, dans *al-Faraj ba'd al-Shiddah*, rapporte avec sa chaîne de transmission que Waddah ibn Khaythama a dit : « 'Umar ibn 'Abd Al-'Aziz, qu'Allah lui fasse miséricorde, m'ordonna de relâcher tous les prisonniers d'une prison. Je les ai donc relâchés à l'exception de Yazid ibn

Abi Muslim qui jura de se venger en versant mon sang. Je me trouvais en Afrique lorsque je fus informé que Yazid ibn Abi Muslim, récemment nommé Émir des provinces africaines, était arrivé. Je pris la fuite. Il envoya des gens après moi qui me capturèrent et me ramenèrent à lui. Il dit : « Par Allah, je Lui ai demandé avec insistance de me permettre de t'atteindre ! Par Allah, je Lui ai demandé avec insistance de me protéger de ton mal ! Par Allah, Il ne t'a pas octroyé la sécurité et je vais te tuer ! Si l'Ange de la Mort lui-même faisait la course avec moi pour prendre ton âme, je le battrais ! Apportez une épée, ainsi que le tapis du bourreau ! ». On me mit à genoux, menotté. Le bourreau se tint debout au-dessus de moi, son épée prête. Puis, l'appel à la prière retentit et il s'en alla prier. Alors qu'il était en prosternation, une armée l'attaqua et le tua. Un homme me libéra et me dit de m'en aller. »

Il rapporte également, avec sa chaîne de transmission d'après 'Umar al-Saraya, que celui-ci fut une fois en train de combattre dans les provinces Romaines seul. Un jour, alors qu'il dormait, un Romain s'approcha de lui et le bouscula avec son pied, ce qui le réveilla. Il dit : « Ô Arabe, tu as le choix : je te tue avec une lance, une épée ou nous luttons ! ». Il répondit : « Luttons. » Ils luttèrent et 'Umar fut vaincu. Alors qu'il était assis sur sa poitrine, le Romain dit : « Comme dois-je te tuer ? ». 'Umar s'écria : « J'atteste que tout ce qui est adoré sous Ton Trône est Faux excepté Ton Noble Visage. Tu vois la situation dans laquelle je me trouve, alors sauve-moi ! ». 'Umar dit : « J'ai alors perdu connaissance et lorsque je me suis réveillé, j'ai trouvé le Romain mort, étendu à mes côtés. ».

Abu al-Hassan ibn al-Jahdam rapporte avec sa chaîne de transmission qui remonte à Hatim al-Asamm qui a dit : « Nous rencontrèrent les Turcs avec qui nous fîmes un combat de joute équestre. Un Turc me fit tomber de mon cheval. Il descendit du sien et s'assit sur ma poitrine. Il saisit ma barbe, tira un couteau de sa chaussette et s'apprêta à m'égorger. Mon cœur, cependant, ne se trouvait pas avec lui ou son couteau, mais avec mon Maître. Je me mis à penser : « Mon Maître, si Tu as décrété ma mort ici, je me soumets complètement à Ton ordre. Je T'appartiens. ». C'est alors qu'un Musulman tira une flèche qui le fit tomber. Je me levai, pris son couteau de sa main et l'abattit avec. ».

Laisse ton cœur demeurer avec ton Maître et tu verras se déployer des merveilles venant de Sa providence, auxquelles tes ancêtres n'ont jamais assisté !

Il existe de nombreux autres récits similaires, mais ce que nous avons mentionné suffit.

Chapitre 12 : La facilité après la difficulté

Le Messager d'Allah (paix sur lui) a dit :

« la facilité vient après la difficulté »

Cette parole est issue de la Sienne, Glorifié soit-Il :

« Allah fera succéder l'aisance à la gêne. »[1]

« À côté de la difficulté est, certes, une facilité ! À côté de la difficulté est, certes, une facilité ! »[2]

Humayd ibn Hammad ibn Abu al-Khuwar rapporte que 'A'idh ibn Shuraih lui a rapporté qu'il a entendu Anas ibn Malik dire :

« Le Prophète (paix sur lui) était assis face à un trou dans le sol. Il dit : **« Si la difficulté venait à entrer dans ce terrier, la facilité la suivrait et la ferait disparaître. »**. Puis Allah révéla :

« À côté de la difficulté est, certes, une facilité ! À côté de la difficulté est, certes, une facilité ! »[3]

Cela a été rapporté par Ibn Abi Hatim et par Bazzar avec

1 Sourate 65 : Le Divorce, verset 7.
2 Sourate 94 : L'ouverture, versets 5-6.
3 Sourate 94 : L'ouverture, versets 5-6.

la formulation suivante : « **Si la difficulté venait et entrait dans ce terrier, la facilité la suivrait la ferait** disparaître. Puis il récita : « **Certes avec la difficulté vient la facilité. ». ».**

Ils ont jugé Humayd ibn Hammad faible[1].

Ibn Jarir rapporte d'après Ma'mar, d'après Al-Hasan qui a dit :

« Le Prophète (paix sur lui) sortit un jour, joyeux et heureux, disant :

« **Une difficulté ne vaincra jamais deux facilités.** » »[2]

« **À côté de la difficulté est, certes, une facilité ! À côté de la difficulté est, certes, une facilité !** »[3]

Il rapporte aussi cela via 'Awf et Yunus, d'après al-Hasan selon un *hadith mursal*. Il le rapporte également en tant que *hadith* de Qatadah qui a dit : « Il nous a été rapporté que le Messager d'Allah (paix sur lui) a annoncé à ses Compagnons la bonne nouvelle de ce verset en disant :

« **Une difficulté ne vaincra jamais deux facilités.** » »[4].

Ibn Abi al-Dunya rapporte le *hadith* de Mu'awiyah ibn Qurrah d'après quelqu'un qui lui a rapporté qu'Ibn Mas'ud a dit : « Si la difficulté entrait dans un terrier, la facilité l'y suivrait. ». Puis il récita :

« **À côté de la difficulté est, certes, une facilité ! À côté**

1 Rapporté par Ibn Abi Hatim, Bazzar et Tabarani. Jugé très faible par Al-Albani.

2 Rapporté par Tabari. Jugé faible par Al-Albani.

3 Sourate 94 : L'ouverture, versets 5-6.

4 Rapporté par Tabari. La chaîne de transmission a été jugée authentique par Ibn Hajar.

de la difficulté est, certes, une facilité ! »[1]

Il rapporte également le *hadith* de ‘Abd Al-Rahman ibn Zayd ibn Aslam, d’après son père, d’après son grand-père selon lequel lorsque Abu ‘Ubaydah fut assiégé, ‘Umar lui écrivit en disant : « Peu importe la difficulté à laquelle un individu fait face, Allah lui enverra le soulagement par la suite, car une difficulté ne peut vaincre deux facilités et Il a dit :

« O les croyants ! Soyez endurants. Incitez-vous à l’endurance. Luttez constamment (contre l’ennemi) et craignez Allah, afin que vous réussissiez ! »[2]

C’est également comme cela qu’Ibn ‘Abbas et d’autres exégètes ont expliqué le verset en disant : « Une difficulté ne vaincra jamais deux facilités. ».

Alors qu’un individu des premières générations se trouvait en plein désert, en état d’extrême souffrance, il fut inspiré par les vers suivants :

Lorsque l’homme se réveille affligé
Je pense que la mort est meilleure pour lui.

Lorsque la nuit tomba, il entendit une voix appeler :

Sois certain Ô toi
Plongé dans l’angoisse
La poésie telle qu’il l’a récitée
Demeure supérieure dans son esprit
Lorsque la difficulté s’intensifie
*Médite sur : **« N’avons-Nous pas ouvert pour toi ta***

1 Sourate 94 : L’ouverture, versets 5-6.

2 Sourate 3 : La Famille de ‘Imran, verset 200.

***poitrine ?* »**[1]

Une difficulté repose entre deux facilités
Si tu reconnais cela, réjouis-toi !

L'homme dit : « J'ai mémorisé ces versets et Allah m'a soulagé de mon angoisse. ».

De nombreux poèmes du même genre ont été écrits. En voici une sélection :

Sois patient, la patience produit des merveilles
Ne désespère pas face au malheur
La facilité suit de près la difficulté
Dans les moments difficiles, l'adversité est dissipée.

Il a été dit :

Nombreux sont ceux qui désespèrent face aux évènements
Dont le soulagement est imminent.

Un autre a dit :

Peut-être que le soulagement arrive bientôt
Nous traitons nos âmes avec « peut-être »
L'individu est très proche du soulagement
Lorsqu'il s'abandonne au désespoir.

Il a été dit également :

Lorsque ta situation devient insoutenable, attends-toi au soulagement
Le soulagement est imminent lorsque l'adversité s'intensifie.

Un autre a composé les vers suivants :

1 Sourate 94 : L'Ouverture, verset 1.

Ne désespère pas si tu connais le chagrin pendant un jour
Car tu as vécu dans la facilité maintes fois auparavant
N'ai pas une mauvaise opinion de ton Seigneur
La Beauté est ce qui Lui sied le mieux
Ne renonce pas à l'espoir, c'est de la mécréance !
Allah te rendra satisfait de peu
Sache ceci : la facilité suit la difficulté
Allah est le plus véridique de tous ceux qui parlent.

Il a été dit :

La patience est la clé de la porte du soulagement
La facilité suit toute difficulté
Le temps ne stagne pas
Un évènement en suit un autre.

Nous allons conclure ce traité en évoquant certaines subtilités, certains bienfaits et certaines sagesses relatifs aux épreuves.

1 – L'expiation des péchés et la récompense en échange du fait de supporter l'épreuve avec patience. Les savants ont divergé : l'individu est-il récompensé pour l'épreuve en elle-même ou non ?

2 – Le serviteur se remémore de ses péchés. Il peut alors s'en repentir et revenir vers Allah, le Très-Haut.

3 – Le cœur s'adoucit après avoir été dur et rugueux. L'un des Pieux Prédécesseurs a dit : « Il se peut qu'un individu tombe malade et par conséquent se remémore ses péchés. Puis, en raison de sa crainte d'Allah, ils se brisent et se dispersent à l'image des mouches et Allah lui pardonne. ».

4 – Le serviteur s'humilie et se soumet devant Allah, le Tout-Puissant. En effet, un tel état est plus aimé d'Allah que

de nombreux actes d'obéissance.

5 – Les épreuves conduisent le cœur du serviteur à retourner vers Allah, se tenir devant Sa porte, L'implorer et s'assujettir à Lui. Il s'agit de l'un des plus grands bienfaits de l'épreuve. Allah a blâmé ceux qui ne se soumettent pas à Lui en période d'épreuve :

« Nous les avons certes saisis du châtiment, mais ils ne se sont pas soumis à leur Seigneur ; de même qu'ils ne [Le] supplient point »[1]

« Pourquoi donc, lorsque Notre rigueur leur vint, n'ont-ils pas imploré (la miséricorde) ? Mais leurs cœurs s'étaient endurcis et le Diable enjolivait à leurs yeux ce qu'ils faisaient. »[2]

Il est mentionné dans les précédentes Écritures : « Allah éprouve un serviteur, car Il aime entendre son humble supplication. ».

Sa'id ibn 'Abd Al-'Aziz a dit : « David (paix sur lui) a dit : « Gloire à Celui qui conduit le serviteur à supplier lorsqu'il fait face à l'épreuve. Gloire à Celui qui confère reconnaissance à celui en état d'aisance. ».

Abu Ja'far Muhammad ibn 'Ali rencontra Muhammad ibn al-Munkadir qui était en état de chagrin intense. Il demanda après lui et on l'informa qu'il croulait sous les dettes. Abu Ja'far dit : « Est-ce que la porte de la supplication est ouverte pour lui ? ». On lui répondit : « Oui. ». Il dit : « Le serviteur est vraiment béni si, quand il se trouve dans le besoin, il invoque fréquemment son Seigneur, peu importe ce dont il s'agit. ».

1 Sourate 23 : Les Croyants, verset 76.
2 Sourate 6 : Les Bestiaux, verset 43.

Certains, alors qu'ils invoquaient en période d'adversité, ne désiraient pas de réponse rapide de peur que cet état (de besoin de leur Seigneur) dans lequel ils se trouvaient cesse.

Thabit a dit : « Lorsque le croyant invoque Allah, Allah confie à Gabriel de remplir son besoin en disant : « Ne te hâte pas à remplir son besoin, car J'aime entendre la voix de Mes serviteurs croyants. ». ». Cela a été rapporté du Prophète (paix sur lui), mais toutes ses voies sont faibles.

Un des Pieux Prédécesseurs vit le Seigneur Tout-Puissant en rêve et dit : « Mon Seigneur, je T'ai tellement invoqué sans recevoir de réponse ! ». Il répondit : « J'aime entendre ta voix. ».

6 – Les épreuves conduisent le cœur à savourer le délice de la patience et du contentement. Il s'agit d'une station spirituelle d'une grande importance et au rang immense. Nous avons déjà parlé de ses mérites.

7 – L'épreuve pousse le serviteur à délaisser la dépendance aux créatures et le conduit à se tourner seulement vers le Créateur. Allah nous a informés que les polythéistes se tournaient sincèrement vers Lui lorsqu'ils invoquaient en période de besoin. Que doit-on dire alors du croyant ?!

8 – L'épreuve conduit le serviteur à concrétiser et vivre le monothéisme dans son cœur. Il s'agit de la plus sublime des stations spirituelles et du plus noble des rangs.

Un récit Judéo-Chrétien mentionne : « Les épreuves nous ont réunis toi et Moi. Le bien-être a réuni ton âme et ta personne. ».

Conclusion

De manière générale, lorsque l'épreuve s'intensifie et que le malheur s'accentue, le soulagement est proche. Allah, le Très-Haut, a dit :

« Quand les Messagers faillirent perdre espoir (et que leurs adeptes) eurent pensé qu'ils étaient dupés, voilà que vint à eux Notre secours. Et furent sauvés ceux que Nous voulûmes. »[1]

« Misère et maladie les avaient touchés ; et ils furent secoués jusqu'à ce que le Messager, et avec lui, ceux qui avaient cru, se fussent écriés : « Quand viendra le secours d'Allah ?» - Quoi ! le secours d'Allah est sûrement proche. »[2]

Il nous informe que Jacob (paix sur lui) n'a jamais abandonné l'espoir de revoir Joseph et qu'il a demandé à ses frères :

« O mes fils ! Partez et enquérez-vous de Joseph et de son frère. Et ne désespérez pas de la miséricorde d'Allah. »[3]

Et il a dit :

« Il se peut qu'Allah me les ramène tous les deux. »[4]

1 Sourate 12 : Joseph, verset 110.
2 Sourate 2 : La Vache, verset 214.
3 Sourate 12 : Joseph, verset 87.
4 Sourate 12 : Joseph, verset 83.

Lier angoisse intense et apparition de l'épreuve renferme une sagesse merveilleuse. En effet, dans une telle situation, l'individu abandonne tout espoir qu'une créature le sauve. Au lieu de cela, il se tourne vers Allah et dépend seulement de Lui.

Lorsque l'individu coupe tout espoir dans les créatures et place sa dépendance en Allah, Il lui répond et le sauve. La totale confiance en Allah consiste à cesser de lever les yeux vers les créatures en abandonnant tout espoir en elles. Cela a été indiqué par l'Imam Ahmad. Il en a fourni la preuve à travers la parole d'Abraham qui (sur le point d'être jeté dans le feu), lorsque Gabriel lui demanda : « As-tu besoin de quelque chose ? », répondit : « De toi, rien. »[1].

La pleine confiance en Allah est l'une des plus grandes voies vers la satisfaction des besoins. En effet, Allah suffit à celui qui place sa confiance en Lui :

« Et quiconque place sa confiance en Allah, Il [Allah] lui suffit. »[2]

Fudayl a dit : « Par Allah ! Si vous abandonniez tout espoir dans les créatures au point que vous ne désiriez plus rien d'elles, votre Maître vous attribuerez tout ce que vous souhaitez ! ».

Une autre sagesse réside dans le fait que lorsque l'épreuve s'intensifie, le serviteur doit combattre contre Satan. En effet, il lui insufflera de désespérer et d'abandonner tout espoir. Le serviteur doit repousser ces insufflations et la récompense de la lutte contre l'ennemi, ainsi que le fait de le repousser sera la dissipation de l'épreuve. Un *hadith* authentique mentionne :

1 Rapporté par Al-Bayhaqi.
2 Sourate 65 : Le Divorce, verset 3.

« L'un d'entre vous ne cesse d'être exaucé tant qu'il ne s'impatiente pas en disant : « J'ai invoqué mon Seigneur, mais Il ne m'a pas exaucé ! ». Il se lasse alors et abandonne l'invocation. »[1]

Une autre sagesse consiste en ce que le soulagement mette du temps à arriver. Le serviteur abandonne l'espoir de le recevoir, surtout après de nombreuses invocations et humbles supplications. Il examinera alors sa propre personne et blâmera son âme en disant : « Je n'ai été éprouvé de la sorte qu'à cause de toi. S'il y avait un bien quelconque en toi, j'aurais été exaucé. ».

Ce blâme et cette prise de conscience sont plus aimés d'Allah que de nombreux actes d'obéissance, car ils conduisent le serviteur à briser son âme pour son Maître. Le serviteur reconnait que sa propre personne ne mérite pas de réponse. Une fois dans un tel état, l'exaucement d'Allah et le soulagement sont proches. Allah est avec ceux qui ont brisé leurs âmes pour Lui. Sa réparation est alors proportionnelle à la brisure.

Wahb a dit : « Un homme adora Allah pendant quelque temps. Puis, il fut soudain dans le besoin. Il jeûna alors soixante-dix samedis, mangeant onze dattes à chaque fois. Il invoqua ensuite Allah pour son besoin, mais rien ne lui fut octroyé. Il examina sa propre personne puis dit : « S'il y avait un bien quelconque en toi, tu aurais été exaucé ! ». À ce moment, un ange descendit et dit : « Fils d'Adam, cette heure dans laquelle tu te trouves est meilleure pour toi que toutes tes années d'adoration précédentes. Allah a maintenant rempli ton besoin ! » ».

Celui qui prend conscience de cela, sait cela et témoigne

1 Rapporté par Al-Boukhari & Muslim.

de cela dans son cœur, comprendra que les bienfaits d'Allah en période de difficulté sont plus grands que ceux en période de facilité. Ce principe est reflété dans le *hadith* authentique selon lequel le Prophète (paix sur lui) a dit :

« « Le croyant a une destinée étonnante ! Tout ce qui lui advient est bénéfique, et cela n'est réservé qu'à lui seul ! En effet, s'il est l'objet d'un évènement heureux, il remercie Allah et c'est là pour lui une bonne chose et s'il est victime d'un malheur, il l'endure avec patience et c'est là encore pour lui une bonne chose. Et ceci n'est réservé qu'au croyant. »[1].

C'est en raison de ce principe que les gnostiques ne préfèrent pas un état à un autre. Ils se montrent plutôt satisfaits, peu importe ce que Allah a décrété. Ils exercent ensuite l'état de servitude qui correspond à chaque situation.

Le *Musnad* et Al-Tirmidhi rapporte le *hadith* de Abu Umamah selon lequel le Prophète, paix sur lui, a dit :

« Mon Seigneur m'a proposé de transformer les plaines et les cailloux de La Mecque en or, mais j'ai dit : « Non, mon Seigneur ! Je préfère manger ce qui me suffit un jour et avoir faim un autre jour. Lorsque je suis affamé, je me tourne vers Toi, T'invoquant avec humilité et me souvenant de Toi. Lorsque je suis repu, je Te remercie et Te loue. » »[2].

'Umar a dit : « Je n'accorde pas d'importance au fait d'aimer ou de détester l'état dans lequel je me réveille, car je ne sais pas dans lequel des deux le bien réside. ».

---

1 Rapporté par Muslim.

2 Rapporté par Ahmad. Jugé bon par Al-Tirmidhi.

‘Umar ibn ‘Abd Al-‘Aziz a dit : « Je me réveille le matin en gardant à l’esprit que mon délice et mon soulagement résident dans l’exécution de l’Ordre et du décret. ».

Ô humain ! Pourquoi, lorsque nous t’appelons, Nous fuis-tu ? Nous t’inondons de bienfaits, mais Tu nous oublies et tu demeures insouciant ! Nous t’affligeons d’épreuves afin que tu reviennes à Nous, que tu te tiennes à Notre porte et que tu Nous invoques avec humilité ! Les épreuves nous réunissent toi et Moi ! Le bien-être te réunit avec toi-même !

Même si nous nous blâmons l’un et l’autre
Ou que nous rejoignons des terres distantes
L’amour que tu connais existe encore
Les bienfaits que tu connais sont toujours abondants
Nombreux sont les cadeaux enveloppés dans l’épreuve
Nombreux sont les secrets cachés dans les recoins.

Ô humain, ta reconnaissance envers Nos bienfaits est en elle-même un bienfait que Nous t’avons donné. Sois donc reconnaissant pour cela ! Si tu te montres patient dans l’épreuve, alors la patience est une grâce que Nous t’avons conférée. Mentionne-la donc ! Chaque situation par laquelle tu passes est un bienfait de Notre part. Ne sois donc pas ingrat !

« Et si vous comptiez les bienfaits d’Allah, vous ne sauriez les dénombrer. L’homme est vraiment très injuste, très ingrat. »[1]

Si ma reconnaissance est un bienfait récompensé
Il convient de montrer de l’appréciation
Comment la gratitude peut-elle ne pas être un présent de Sa part ?

1 Sourate 14 : Abraham, verset 34.

Les jours passent, les années s'accumulent
Celui qui rencontre l'aisance connaît la joie
Celui qui rencontre l'épreuve, la récompense suivra bientôt
Dans les deux cas, Il octroie une telle grâce
Que même la foi, la terre ou la mer ne peuvent la porter.

Ici se termine ce traité, par la grâce d'Allah, Sa providence et Son accord divin. Toutes les louanges appartiennent à Allah.

Nos autres éditions

- **100 Trésors de l'Islam : principes du Coran et de la Sunna pour une vie meilleure** — Samir Doudouch
- **La Guérison des Âmes** — Ibn Al-Jawzi
- **Les Bienfaits de l'Épreuve** — Al 'Izz ibn 'Abd Al-Salam & Ibn Al-Qayyim
- **Le Réveil des Cœurs** — Ibn Al-Jawzi
- **Tafsir Sourate Al-Fatiha** — Ibn Al-Qayyim & d'autres
- **Le Livre de L'Amour** — Ibn Taymiyya
- **La Piété envers les Parents** — Ibn Al-Jawzi
- **Le Livre du Comportement** — Ibn Qudamah
- **Le Bonheur Véritable** – Ibn Al-Qayyim
- **La Vie d'Ici-Bas** – Ibn Qudamah
- **Le Livre du Repentir** – Ibn Hazm
- **Le Livre de la Vertu** – Ibn Qudamah
- **Les Maladies du Cœur** – Ibn Qudamah
- **La Confiance en Allah** – Ibn Qudamah

- **Le Droit Chemin** – Ibn Taymiyyah
- **Les Qualités du Croyant** – Ibn Hibban

Printed by Amazon Italia Logistica S.r.l.
Torrazza Piemonte (TO), Italy

33385498R00080